フォトダイジェスト

2020 本大会

創価の誇りを胸に、熱い走りを誓う！

2019年10月26日（土）、第96回東京箱根間往復大学駅伝競走予選会が、東京・立川市の陸上自衛隊立川駐屯地をスタートし、国営昭和記念公園にゴールする21.0975kmのハーフマラソンで行われた。創価大学駅伝部は堂々の5位に入り、3年ぶり3回目の出場権を勝ち取った。

SHIMAZU Yudai
嶋津 雄大

KASAI Jun
葛西 潤

団結の走りでチームの絆深める

SUKIDATE Yosuke
舘 陽介

SUZUKI Nimura
鈴木 ニムラ

OSAWA Tomoki
大澤 智樹

UEDA Yuya
上田 結也

忍耐と執念で走り抜く

FUKUDA Yuichi
福田 悠一

MUTHONI Muiru
ムソニ・ムイル

SHIZU Yoshiaki
津 佳晃

NAGAI Daisuke
永井 大育

令和最初の新春に
創価大学駅伝部が箱根路を疾走する！

ONEMITSU Ren
満 怜

SUZUKI Hiromi
鈴木 大海

獅子奮迅

創価大学駅伝部
箱根への道2020

CONTENTS

【予選会ルポ】

10・26 新たな歴史が開かれた！

監督の想像超えた創価大の選手たち

前日の冷たい雨から一転、２０１９年10月26日㈯の東京はさわやかな青空が広がった。朝９時の気温は18度。第96回箱根駅伝予選会のスタート地点となる立川市・陸上自衛隊立川駐屯地《ちゅうとんち》は夢の舞台をめざす若者たちの熱気と緊張感で満ちあふれていた。そして９時35分、「10校」の予選通過ラインをめざして、43校５０６人のランナーが一斉に駆け出した。

創価大はムソニ・ムイル（４年）、米満怜（４年）、嶋津雄大（２年）、葛西潤（１年）の４人はフリーで、他の８人は集団走で臨んだ。

８人のケニア人留学生で形成されたトップ集団は５キロ《メートル》を14分17秒と、昨年よりも16秒速く通過する。５キロ《メートル》を過ぎてレダマ・キサイサ（桜美林大４年）が抜け出したころ、ムイルが徐々に順位を落としていく。実はこのとき、ムイルは新しいシューズがフィットせず、靴擦《くつず》れを起こすというアクシデントに見舞われていたのだ。走っているうちに足裏の皮がむけてしまい、本来の力を発揮できなかった。

５キロ《メートル》通過時は計器のトラブルで通過順位が発表されず、指揮官たちをやきもきさせた。10キロ《メートル》はキサイサが28分27秒で、日本人トップを走っていた手嶋杏丞（明大２年）が29分37秒。通過順位は１位が神奈川大で、日大、明大と続き、創価大は４位と好位置につける。伝統校の

創価大学
SAPPORO
216
日本体育大学
SAPPORO
41
創価大学
SAPPORO
33
桜美林大学
SAPPORO
SAPPORO
90

大東大、山梨学院大は15位以下と出遅れた。手嶋は11キロ《メートル》過ぎに後続の日本人5人の集団に吸収される。そのなかに米満怜（創価大4年）の姿が光っていた。

15キロ《メートル》はトップを独走するキサイサが42分58秒で、伊藤達彦（東京国際大4年）、荻久保寛也（城西大4年）、手嶋、米満の4人が44分43秒で通過した。通過順位は東京国際大がトップを奪い、神奈川大、創価大の順で、筑波大が8位、国士大が10位に浮上。麗澤大も11位まで順位を上げてきた。

「5キロ《メートル》の通過順位がわからなかったので不安はあったんですが、10キロ《メートル》通過が4位と出たときはビックリしましたね。15キロ《メートル》で3位に上がり、そこも驚きました。ムイルの失速もあるんですけど、前半は無理している選手がいたはずなので、順位を落としているかなと思ったからです」（創価大・榎木和貴監督）

創価大の選手たちは監督の想像以上の走りを見せていた。17・4キロ《メートル》通過地点では創価大が3位。中大が10位に転落して、11位麗澤大との差はわずか29秒に短縮した。

キサイサが1時間1分01秒で3年連続のトップを飾ると、3人の留学生が続き、ユニバーシアード・ハーフマラソン銅メダルの伊藤が日本人トップの1時間2分34秒。米満が荻久保に続いて7位・日本人3位（1時間3分19秒）でゴールすると、チームメイトたちが続々と帰ってきた。

集団走の石津佳晃（3年）が43位（1時間4分46秒）、福田悠一（3年）が52位（1時間5分01秒）。単独走のルーキー・葛西潤（1年）も56位（1時間5分03秒）と粘った。そしてチーム10番目の大澤智樹（3年）

本大会出場が決まり、仲間たちに胴上げされる築舘主将（2019年10月26日　立川・昭和記念公園）

が141位でフィニッシュ。10人全員が揃ったのは4番目だった。

堂々の5位通過
歓喜の輪が広がる

総合順位は東京国際大が10時間47分29秒でトップ。以下、神奈川大、日体大、明大、創価大、筑波大、日大、国士大、早大、中大の順で通過した。11位の麗澤大は初出場に26秒届かなかった。上武大は13位、山梨学院大は17位に沈み、両校は初出場からの連続出場が途切れた。令和最初の箱根駅伝予選会で時代が大きく動いた。

「5位、創価大学」のアナウンスに3年間の鬱憤《うっぷん》が爆発。歓喜の輪が広がった。周囲から「胴上げを！」という声があがるも、榎木監督は、「通過点なので」と固辞《こじ》。代わりに主将・築舘陽介（4年）が宙に舞った。

応援に集った多くの関係者たちを前に、榎木監督は、「ここまで順調

予選会通過を皆で喜び合う選手たち

ではなかったですけど、選手たちは夏場の苦しい合宿も乗り越えました。『絶対に箱根に行きたいんだ』という強い気持ちが本日の結果につながったと思います」とあいさつし、深々と頭を下げた。

２０１９年２月に就任した榎木監督のもとでチームは確実に成長。レースには順位以上の〝力強さ〟がみなぎっていた。前年はムイルの欠場もあり、チームは15位。今回もムイルは個人61位と苦しんだが、エースの不調を総合力で盛り立てた。そこにチームの〝進化〟が表れている。

「ムイルは計算外でしたけど、他は想定内でしっかりまとめてくれました。集団走のグループは、５キロ《メートル》15分00〜15分10秒ペースを維持して、20キロ《メートル》通過が61分以内を目安にしていました。ただ、今日は暑さもあったので、流れのなかで臨機応変に対応してくれましたね。５位以内の通過を目標にしていたので、納得のいく結果です」（榎木監督）

選手を代表して挨拶に立った主将・築舘の「３年間お待たせいたしました！」という元気いっぱいの第一声に集った人々から盛大な拍手が起きた。築舘は新年の書き初めで記した「セル超《ご》え」という言葉を自室に貼り、３年前の成績を上回れるようにチームを引っ張ってきたという。

「３年前、セルナルド（祐慈）さんがキャプテンをされていたときは予選会を３位で通過しました。今回は超えることができませんでしたが、箱根では当時の12位を上回れるようにがんばります！」

前回（２０１８年）の予選会から〝10校抜き〟を見せた創価大。急上昇中のチームは、３年ぶりの箱根路でも熱い風を吹き込むだろう。

◎ 箱根駅伝予選会　個人記録

7位	米満　怜	4年	63分19秒
43位	石津　佳晃	3年	64分46秒
52位	福田　悠一	3年	65分01秒
56位	葛西　潤	1年	65分03秒
61位	ムソニ・ムイル	4年	65分07秒
67位	永井　大育	2年	65分13秒
81位	築舘　陽介	4年	65分25秒
96位	嶋津　雄大	2年	65分36秒
112位	鈴木　大海	3年	65分53秒
141位	大澤　智樹	3年	66分20秒
196位	上田　結也	4年	67分06秒
240位	鈴木　ニムラ	4年	67分49秒

お互いが支え合って、皆で成長

渡部啓太 コーチ

2008年からトレーナーとしてかかわってくる中で2015年、2017年、今回と、箱根駅伝出場の喜びを選手たちと共有できたことは、本当に幸せです。とくに今回は勢いだけでなく、どんな戦い方をしていくか緻密《ちみつ》に作戦を立て、予選会に挑んだことが功を奏したと思います。夏ごろから一人ひとりの走行距離が伸び、とくに1年生がチームに刺激を与えるような練習をこなしました。そして、それが上級生にもいい影響を与え、お互いが支え合って成長できた気がします。

勇気と感動の走りを届けたい！

久保田 満 コーチ

創価大学駅伝部のメンバーは素直で優しく、すばらしい選手が揃っています。真剣に練習に取り組んでいる彼らをスポットライトの当たる舞台に立たせてあげたいという思いで指導してきましたので、今回、3年越しで箱根駅伝本大会への出場が決まり、本当に安心しています。彼らの力強い走りをぜひ、全国の皆さんに見ていただき、勇気と感動を届けられるような箱根駅伝にしていきたい。ここからの2カ月間、本腰を入れて本大会を戦うチーム作りをしていきます。

チームワークが勝利の要因

瀬上雄然 総監督

2月から新体制の中で一生懸命、チーム作りをしてくれた榎木監督と、監督を信じてしっかりとついていった学生たち、そのチームワークが勝利の要因になったと思います。また、全国からの応援がとても心強かった。とくに、予選会直前に台風19号の被害を受けた被災地の方々から「応援には行けないけど、がんばって」との励ましをいただき、感謝でいっぱいです。1月2日・3日には、ご恩返しの思いで最高の走りができるよう、今日からさらに精進を重ねてまいります。

取材・文＝サカイマサト（スポーツライター）

赤は、熱い情熱！ 青は、冷静な判断力！ 黄は、栄光！

コラム **3色カラーを身にまとい、新時代の新たな挑戦！**

タスキに込められた祈り

執念でつなげ！ 創価のタスキ

10人でタスキをつなぐ箱根駅伝。選手はそれぞれの区間を孤独に戦いながら、1本のタスキを次のランナーへとつなげていきます。

現在のユニフォームは2015年、第91回大会から導入されました。赤は熱い情熱、青は冷静な判断力、黄は栄光を意味し、赤と青のストライプ柄のタスキはチームのシンボルカラー。「創価大学」の名前は金の刺繍で表記されています。

選手や家族、OBの先輩たちの夢と希望、そして応援してくださる皆さまの期待と祈りが込められた「情熱と冷静のタスキ」をつなぎ、チーム一丸となって力強く走り抜きます!!

第93回大会で7区・古場京介選手から8区・米満怜選手へとタスキをつなぐ(2017年1月3日)

[Human Story]

創価大学陸上競技部駅伝部監督

榎木 和貴

箱根を走れば人生が変わる

**10月26日に行われた予選会を5位で突破。
2020年、正月の箱根駅伝に創価大学が3年ぶりに帰ってくる。
学生ランナー憧れの舞台にチームを導いたのが、
2019年2月に創価大学陸上競技部駅伝部の監督に就任した榎木和貴だ。**

創価大学を箱根へと導《みちび》いた男は日本長距離界の〝センターライン〟を走ってきた。中学時代から全国クラスの選手で、宮崎県立小林高校、中央大学、旭化成と名門を渡り歩いている。大学時代は箱根駅伝で4年連続の区間賞（8区、8区、4区、4区）を獲得。3年時には中央大学の32年ぶり14回目の総合優勝にも大きく貢献した。

「白地に赤のCマークに憧れを持っていましたし、箱根駅伝で優勝したいという思いがあったんです」

こう話す榎木は学生時代に夢をかなえたことになる。箱根駅伝での偉業は大学生活で最も達成感のあるものになっただけでなく、当時学んだことが、現在の指導につながっているという。

「チームは徐々に優勝を意識するようになって、自分たちが3年生のときは優勝を狙《ねら》えるところにきました。いまの創価大学もそうですけど、目標を達成するには、選手がそれぞれ考えて、練習も工夫して取り組むようにならないといけません」

箱根駅伝の出場を本気でめざしている大学には専任コーチがいて、フルタイムで指導に当たっている。しかし、当時の中央大学は違っていた。

箱根駅伝の第72回大会（1996年）では、中央大学が32年ぶりの総合優勝を果たした

大志田《おおしだ》秀次《しゅうじ》コーチ（現・東京国際大学監督）が本田技研のコーチと兼任で指導しており、選手たちと直接顔を合わせる機会は週に2〜3回しかなかったという。

「指導者が不在のことが多かったので、朝練習などは学生主体でやっていました。当時の中央大学は、学生だけでどうやって強くなるかということを常に考えていたんです」

全国大会出場経験者が揃うエリート軍団だが、なかには練習に出てこない選手もいたという。そのなかで榎木は自分で考えてトレーニングに取り組み、結果を残してきた。

第73回箱根駅伝で4区を走り、区間賞に輝いた中央大学の榎木和貴選手（1997年1月2日）

そして、大学卒業後は当時、最強を誇っていた旭化成に入社する。

「箱根駅伝をステップにして、マラソンで日本代表選手になりたいという気持ちがあったんです。（旭化成陸上部が活動拠点としている）宮崎県の出身ということもあり、高校のときにも声をかけていただいていましたし、マラソンで成功するなら旭化成で勝負するしかないと思っていました」

超名門実業団チームで味わった挫折

1990年代の旭化成は栄華を

誇っていた。ニューイヤー駅伝は10年間で9度の優勝。マラソンでも佐藤信之（現・亜細亜大学監督）がセビリア世界陸上で銅メダルを獲得するなど大活躍。榎木も超強豪チームで世界へ羽ばたくつもりでいた。しかし、箱根駅伝のヒーローは実業団で挫折を味わうことになる。

当時の旭化成は大卒選手が少なく、高卒選手が中心。その中には、「（大卒の）箱根組には絶対負けない」と対抗心をむき出しにする者も多かった。

「別に仲が悪かったわけではないんですけど、箱根駅伝はメディアに大きく取り上げられるので、箱根で目立ってきた選手には絶対に負けないという気迫を感じましたね。高卒で入ってきた選手たちは自分たちのほうが強いんだという自負があったと思うんです。実業団は箱根とレベルが全然違いますし、当時の旭化成は日本一の練習をするチームだったので、身体がついていきませんでした」

箱根駅伝のスター選手といえども、常勝軍団のなかでは未熟だったのだ。

故障に苦しんだこともあったが、体幹トレーニングを取り入れるなど考えながら練習を重ねてきた。そして、入社3年目の別府大分毎日マラソン（2000年）では2時間10分44秒の自己ベストで優勝。自信をつかみつつあったが、学生時代から抱えていた坐骨神経痛《ざこつしんけいつう》が再発し、またも苦しむことになる。

「あとわずかで2時間10分が切れるぞ、というときに練習を詰め過ぎてしまい、崩れてしまいました。もう少し気持ちに余裕があればよかったのかもしれませんが、練習を重ねても、試合のパフォーマンスが上がりませんでした。一方で、どんどん若い選手が入社してきて、自分の居場所がなくなってきているのを感じるようになりました」

競争の激しいチームの宿命に押し出されるように、榎木は旭化成を去ることになる。

実業団の指導者としてコーチングを学ぶ

2004年からは小林高校と旭化成の先輩にあたる谷口浩美（元マラソン選手）が監督を務めていた宮崎沖電気陸上部に移り、女子選手を指導した。ランニングコーチとして選手と一緒に走り、その後、自分のトレーニングをこなして、1万《メートル》で28分台、マラソンでは2時間13分台をマークしている。

榎木にとって、女子選手の指導経験は現在も活《い》きているという。

「我々の学生時代は、厳しいことを言われても反骨心が強く、絶対に見返してやろうという気持ちがありました。でも、いまの学生はそうではありません。どちらかというと女子選手を指導するときに近いんです。ある程度、寄り添いながら、自発的にどうやって動かせるのか。そういうことを考えて指導しています」

07年からはトヨタ紡織《ぼうしょく》のコーチ、11年からは同監督として指揮を執《と》った。監督就任後は、「選手自らが考えて動けるようなチーム作り」をめざしたが、思うように機能しなかった。自主性の難しさである。

実業団チームでも選手個々の能力差は小さくない。自分で考えることができない選手が多いと、楽な方向へ流されてしまう。榎木は理想のチームビルディングができず、退社することになる。そのころ、会社員をしながら、小・中学生の指導もしていた榎木の元に、思いがけず創価大学陸上競技部駅伝部監督の話が舞い込んでくる。

最高に恵まれた環境で充実した練習ができる

当初、榎木はまったく引き受ける気がなかった。

「箱根駅伝をめざすチームの監督をやりたいという気持ちはありました。でも実業団でコーチと監督を経験してみて、自分の指導力不足を感じていたんです」

一度は断ったものの、再度の要請を受け、創価大学の施設や練習環境を自分の目で確かめてみた。

白馬合宿所（駅伝部の寮）にはトレーニング室が完備。４００メートルのオールウエザートラックのまわりには、1周５００メートルのクロスカントリーコースもある。これだけ充実した環境があれば〝勝算〟はあるのではないか――。榎木のなかでイマジネーションが広がった。

「大学関係者の思いを知り、こんなにいい環境があるのであれば、結果は出せるのではないかと思えたのです。周囲には起伏に富んだコースがたくさんあるので、箱根駅伝の山対策もできる。この環境だったら戦えるという自信が出てきました」

さらに、榎木の決断を後押しした

大学構内にある白馬合宿所では、充実した学生生活を送ることができる

夏合宿では、リラックスした雰囲気の中、無理なく走り込み距離を伸ばしていく（2019年9月　岐阜・御岳）

のは、旭化成の先輩である川嶋伸次（現・旭化成陸上部コーチ）であった。

「箱根駅伝の出場を託されて依頼があるわけなので、いまのスキルだとちょっと厳しい。そこをずっと悩んでいたんですけど〝学生と向き合って自分も成長していけばいいんじゃないか〟との一言で腹を決めました」

こうして監督に就任した榎木だったが、順風満帆とはいかなかった。

春先は故障者が多く、ポイント練習（スピード練習）をしていた選手は10人ほどしかいなかった。6月の全日本大学駅伝関東学連推薦校選考会も総合12位と完敗した。

「私自身は手応えのある練習ができていたと思っていたんです。でも、スタートラインに立ったときに選手たちが怖気《おじけ》づいてしまった。どんどん上がっていくチームは、自信を深めて、プライドを高めている。選手たちにそういう変化を起こさせなければいけないと思いました」

月間距離は750キロ《メートル》以上。その中身を大切にした

箱根駅伝は10区間217・1キロ《メートル》で争われる。全区間ともに20キロ《メートル》以上の長丁場だ。高校生は5000《メートル》のレースが中心になるので、大学では4倍以上の距離を走らないといけない。そのため長い距離への対応が必要不可欠となる。そこで榎木は監督就任当初から月間走行距離で「750キロ《メートル》以上」を選手たちの目標にしてきた。

日々のトレーニングには、「ガーミン」というブランドのGPSランニングウォッチを活用。ただ走るのではなく、その〝中身〟も大切にしている。

「単に750キロ《メートル》を走ればいいわ

けではなく、選手たちには負荷の割合を説明しています。心拍数も計測できるガーミンは、運動強度の目安を5段階のゾーンで知ることができる。それが理想的なピラミッドのかたちになるように追い込んでいくのです」

選手全員がアプリでグループ登録しており、そのデータも共有している。それは選手たちを〝縛《しば》る〟ためではなく、選手たちに〝刺激〟を与えるアイテムとして使用しているのだ。

「アプリのデータを見て〝走っていない〟ことは指摘しないように選手たちと約束しています。走っていなければ、自分の成績に反映されるだけですから。反対にやりすぎている場合は、少し落とすようにアドバイスすることはありますね」

月間走行距離もランキングとして出るため、選手たちはゲーム感覚で競い合っている部分もあるという。8月には月間750キロ《メートル》を20人以上が突破。1000キロ《メートル》を超えた選手も5人いた。チームは確実に距離を積み上げてきた。

選手たちの表情が輝き筋力もアップした

創価大学の選手たちが劇的に変わり始めたのは夏を過ぎたころだった。8月前半に長野・菅平高原と新潟・妙高高原で1次合宿、8月後半に北海道深川市で2次合宿、9月上旬には岐阜・御岳で3次合宿を行った。

瀬上雄然総監督は、「夏合宿から帰ってきた選手たちがイキイキしてきているんです。練習に対する姿勢もそうですし、顔色、風格も全然違う」とその〝変化〟に驚いていた。

学生たちからは親しみを込めて「榎木さん」と呼ばれることが多い

予選会の約1カ月前に行われた競技会では選手たちの走りを真剣に見つめる(2019年9月28日　法政大学グラウンド)

本大会出場が決まり、応援してくれたすべての人たちへ、感謝の思いを伝える（2019年10月26日　立川・昭和記念公園）

さらに夏合宿を終えて、選手たちの脚も変わってきたと榎木は分析する。

「筋肉がついて、余分なものがなくなり、血管が浮き出てきています。選手たちを後ろから見ても、背中の筋肉もついている。夏合宿でグッと変わった印象です」

　ただ走るだけでなく、体幹トレーニングなども取り入れており、その成果がボディにも表れている。そして、9月28日の法政大学競技会1万メートルでは15人が自己記録を更新。その勢いのまま箱根駅伝の予選会を突破した。

「自分もそうですけど、箱根駅伝を走ったことで、その後の人生が変わります。でも選手たちには『出るだけじゃダメだよ』と伝えています。しっかりと存在感を示す走りをして、3年以内にシードを取りたい。そして5年後にはもっと上の順位を争えるようなチーム作りをしていきたいと思っています。タイミングよく今年は力のある1年生が入ってきてくれたので、今後が楽しみです」

　5000メートルで14分06秒という高校トップクラスの好タイムを持っていた葛西潤選手と濱野将基選手が入学。ほかにも1年生には好選手が揃っている。

「彼らには『箱根で終わりじゃなくて、世界で戦えるような選手をめざしてほしい』と話しています。自分はそれができませんでしたから。本人たちが強く求めて、しっかりと探求していけば、それだけの能力はあると思いますよ」

　まもなく箱根駅伝がやってくる。創価大学は3年ぶり3回目の出場となるが、榎木が選手たちと見つめる先には、もっと魅力あふれる世界が広がっている。

（敬称略）

取材・文＝サカイマサト（スポーツライター）

展望と見どころ

出場校一覧など

大学三大駅伝は大波乱の幕開け

令和を迎えて、学生駅伝にも新たな風が吹き込んでいる。

10月14日に開催された出雲駅伝（出雲全日本大学選抜駅伝競走）では、國學院大が最終6区で駒大を逆転。三大駅伝で初タイトルを獲得した。神在月でのサプライズは次なるドラマの序章に過ぎなかった。

10月26日の箱根駅伝（東京箱根間往復大学駅伝競走）予選会は大きく荒れた。平成の箱根路を沸かせた上武大、城西大、山梨学院大、大東文化大が新時代の波に

第96回大会の

飲み込まれたのだ。なかでもショッキングだったのは山梨学院大で、33年連続出場が途切れることになる。

その一方で、創部9年目の東京国際大がトップ通過。創価大は5位で突破して、3年ぶり3回目の出場を決めた。ノーマークだった筑波大は6位通過で、26年ぶりの出場を果たすことになる。

11月3日の全日本大学駅伝(全日本大学駅伝対校選手権大会)では、東海大が青山学院大とのアンカー決戦を制して、16年ぶりの優勝に輝いた。クライマックスとなる箱根駅伝はどんな戦いになるのだろうか。

東海大を軸に〝5強〟の争い

連覇を狙う東海大は「ゴールデン世代」と呼ばれる学年が最上級生となり、トラックのタイムはナンバー1で選手層も厚い。出雲は4位に終わったが、全日本は鬼塚翔太、關颯人、館澤亨次、阪口竜平の4年生カルテットを起用せずに優勝。総合力では大幅リードしている。

1万㍍28分20前後のタイムを持つ鬼塚と關、日本選手権の優勝経験を持つ館澤と阪口。前回8区で22年ぶりの区間新を叩き出した小松陽平（4年）、スピードが武器の塩澤稀夕（3年）、全日本8区で逆転Vを演じた名取燎太（3年）とタレントは豊富だ。

山も強力で、5区には前回区間新（区間2位）の西田壮志（3年）、6区には前回区間2位と快走した中島怜利（4年）が控えている。往路だけでなく、復路にもスピードのある選手を配置できる。6区終了時でトップを射程内にとらえて、前回のように、7〜8区で〝逆転〟というシナリオを描く。

王者・東海大の背中を追いかけるのが青学大、東洋大、駒大、國學院大の4校だ。前回2位の青学大は、貧血に悩まされていた鈴木塁人（4年）が全日本で復帰するなど4年生の足並みが揃いつつある。出雲2区で区間賞を獲得した岸本大紀（1年）という新戦力も出てきた。昨年度の三大駅伝すべてで区間賞を獲得した

出雲駅伝で初優勝した國學院大学（2019年10月14日）

全日本大学駅伝で16年ぶりの優勝を果たした東海大学（2019年11月3日）

第96回大会の展望と見どころ

エース吉田圭太（3年）が2区で東海大を引き離すことができると、おもしろい戦いができるだろう。

前回3位の東洋大はユニバーシアードのハーフマラソンで金メダルを獲得したエース相澤晃（4年）の存在感が光る。学生駅伝は箱根4区、出雲3区、全日本3区と3大会連続でダントツの区間賞&区間新を樹立。今回は2区での出場が有力で日本人最高記録の更新が期待されている。箱根1区で2年連続区間賞の西山和弥（3年）でスタートダッシュを決めることができると往路V3、さらに6年ぶりの総合優勝も見えてくる。

全日本3位の駒大は田澤廉（1年）に熱い視線が注がれている。出雲はスピード区間の3区で区間新（区間2位）、全日本はロング区間の7区で区間賞。箱根ではエースとしての走りを楽しみにしてもいい。2区（山下一貴）、5区（伊東颯汰）、6区（中村大成）という主要区間で好走した選手たちが残っており、チームの〝骨組み〟がしっかりしているのも強み。スーパールーキー田澤と、ユニバーシアード・ハーフマラソン銀メダルの主将・中村大聖（4年）を1、3、4区のどこかに配置して、優勝争いに切り込んでいく。

出雲Vの國學院大は全日本で7位に終わったが、2区土方英和（4年）、5区浦野雄平（4年）のオーダーが強力だ。主将・土方は出雲6区でトップと37秒差の4位でスタートして駒大を逆転している。浦野は前回の箱根では5区で1時間10分54秒の区間新記録。さらに成長した姿を見せており、「山の神」に最も近い位置にい

出場校一覧（21チーム）

【シード校】			
1.	東海大	7年連続	47度目
2.	青山学院大	12年連続	25度目
3.	東洋大	18年連続	78度目
4.	駒澤大	54年連続	54度目
5.	帝京大	13年連続	21度目
6.	法政大	5年連続	80度目
7.	國學院大	4年連続	13度目
8.	順天堂大	9年連続	61度目
9.	拓殖大	7年連続	41度目
10.	中央学院大	18年連続	21度目
【予選会上位10校】			
11.	東京国際大	3年連続	4度目
12.	神奈川大	10年連続	51度目
13.	日本体育大	72年連続	72度目
14.	明治大	2年連続	61度目
15.	創価大	3年ぶり	3度目
16.	筑波大	26年ぶり	63度目
17.	日本大	2年連続	89度目
18.	国士舘大	4年連続	48度目
19.	早稲田大	44年連続	89度目
20.	中央大	3年連続	93度目
	関東学生連合選抜チーム		

る。また青木祐人（4年）は2年連続で3区を好走している。チームのターゲットは総合3位以内と往路V。エース浦野でトップを奪いたい。

創価大は ロケットスタートに期待

往路で5強のなかに割って入りそうなのが、東京国際大と創価大だ。予選会をトップで通過した東京国際大は、初出場した全日本でも4位に食い込んでいる。エース伊藤達彦（4年）はユニバーシアードのハーフマラソンで銅メダルを獲得して、予選会でも日本人トップ。全日本2区は13人抜きで一気にトップを奪った。箱根は3年連続の2区が濃厚で、「区間賞」を目標にしている。日本インカレ5000㍍を制したイエゴン・ヴィンセント・キベット（1年）が1区もしくは3区に入る見込みで、レース序盤はトップを快走する可能性を秘めている。

創価大はムソニ・ムイル（4年）と米満怜（4年）のWエースに大きな期待感がある。

二人は3年前の箱根駅伝経験者。ムイルは2区で7人抜きを演じて、米満は8区で区間3位と好走している。ムイルは予選会では個人61位と振るわなかったが、1万㍍の自己ベスト27分38秒05は出場選手で最速タイムとなる。米満は予選会で個人7位（日本人3位）に食い込んでおり、「1区か2区で最低でも区間一桁で走れるようにしていきたい」と快走を誓っている。

Wエースで好位置を確保して、今季急成長している嶋津雄大（2年）、スピードのあるルーキー・葛西潤ら

足の痛みに耐えながら力走したムイル選手

第96回大会の展望と見どころ

の力を引き出したい。チームで一番の走行距離を誇る主将・築舘陽介（4年）が復路の主軸か。山区間（5区、6区）は未知数だが、総合力ではシード権を狙える位置につけている。

「前回出場したときが往路を10位以内（9位）で折り返しているので、シード権をひとつの目標にレースを進められたらと思っています」と榎木和貴監督。レース序盤で沿道を沸かせて、そのまま歓喜のゴールに飛び込みたい。

　前回5位の帝京大は選手層が厚く、復路で強さを発揮して、徐々に順位を上げてくるだろう。同6位の法大は5区青木涼真（4年）に注目。前々回は区間賞、前回は区間新（区間3位）。最後の山でどんな走りを見せるのか。

　前回8〜10位の順大、拓大、中央学大は今回もシード権争いの〝中心〟にいる。早大が予選会9位通過から全日本で6位に急上昇したように大学駅伝は何が起こるかわからない。予選会を突破した神奈川大、日体大、明大、筑波大、日大、国士大、中大もシード権を見つめている。学生ランナーたちのドラマに筋書きはない。

エースとして力を出しきり、7位（日本人3位）でゴールした瞬間の米満怜選手

取材・文＝サカイマサト（スポーツライター）

Attention
››› 注目選手紹介

予選会を5位で通過し、ついに3年ぶり3度目の出場を決めた今季のチーム。ここでは、注目選手とともに、チームを支える吉田泰樹主務の想いを紹介する。

（文責：編集部）

①学年　②出身高校　③5000mPB　④10000mPB　⑤ハーフマラソンPB

★印は、第96回箱根駅伝予選会での自己新記録　PB=パーソナルベスト（自己ベスト記録）　記録は2019年11月10日時点

築舘 陽介
つきだて　ようすけ

主将　①4年
②佐久長聖
③14分30秒
④29分54秒
⑤64分48秒

どんなつらいときでも笑顔を絶やさない頼れる主将だ。2017年、18年と箱根駅伝予選会を突破できなかった中、本大会出場を勝ち取れるチームのイメージを描いてきた。18年は故障をしたメンバーとの間に溝ができ、チームがひとつになれなかったという。だからこそ、「だれ一人もこぼさない」との想いで、一人ひとりに声をかけ続けてきた。また、榎木監督からの提案で推進した、「脱」「続」「走」をテーマにした各自の目標設定や、4年生をリーダーにして学年を縦割編成したチーム分けなど、部をひとつにするための努力を重ねてきた。さらに背中でもチームを引っ張ろうと、夏合宿が行われた8月はチーム1位の月間1000キロ㍍を超える練習をやりきった。箱根駅伝予選会は、暑さとの戦いになったが、「天候に左右されるようなチームじゃない」と動じなかった。レース中も集団走の要として、周囲に声をかけ続ける。それは「主将のおかげで安心して走れた」と、皆が声を揃えるほど予選突破の原動力となったのだ。「ONE TEAM」で挑む本大会、主将の揺らぐことのない目標は「シード権」の獲得だ。

走行距離や運動強度を計測するGPSランニングウォッチ「ガーミン」。アプリのデータを全部員が共有している

TSUKIDATE Yosuke

米満 怜

よねみつ　れん

①4年
②大牟田
③13分59秒
④29分04秒
⑤63分19秒★

YONEMITSU Ren

1年生で出場した箱根駅伝8区を、区間3位で駆け抜けた。その後も、ここぞというレースで結果を出し続け、日本人エースとして成長したが、初出場をめざす全日本大学駅伝関東学連推薦校選考会（2019年6月）では、まさかの大ブレーキを踏んでしまう。予選会前から調子を落としていた彼は、榎木監督から「エースがそれではダメだ」と叱咤されたという。その言葉が負けん気の強い彼に、エースの自覚を目覚めさせた。箱根駅伝に挑めるのは今回が最後。「みんなに箱根を走らせたい。日本人で1位になる」と挑んだ箱根駅伝予選会では、個人7位、日本人3位の結果をたたき出し、本大会への切符をたぐり寄せた。箱根路でどんな走りを見せてくれるか、新たな歴史の幕開けだ。

ムソニ・ムイル

①4年
②ムンゲソ
③13分32秒
④27分38秒
⑤61分59秒

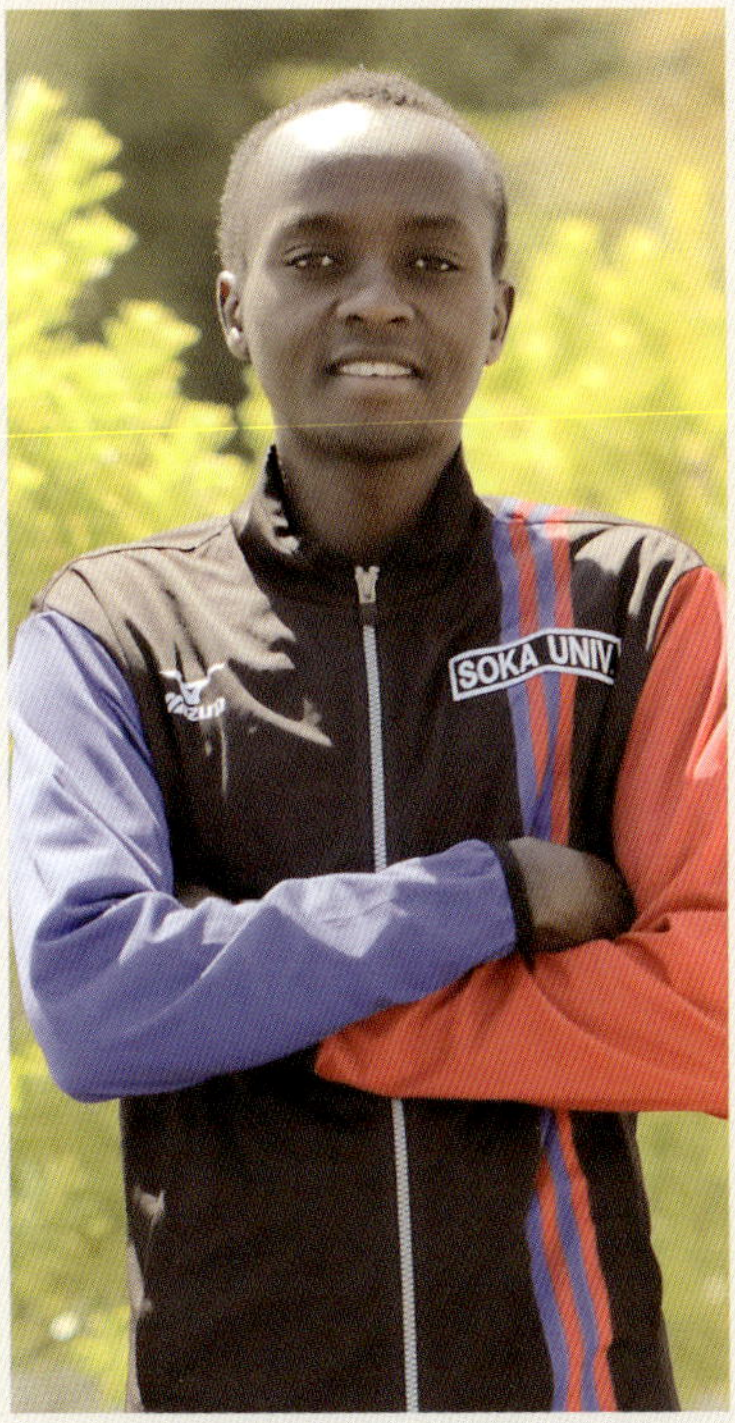

MUTHONI Muiru

将来の夢を尋ねると、「……Secret（秘密）」と返ってきた。シャイな性格なのだろうが、1万㍍の自己記録は、現役大学生で現在1位。とんでもない実力の持ち主であり、まさに絶対的エースなのだが、2018年はケガのため、箱根駅伝予選会に出場できなかった。「チームを箱根に連れて行けなくてとてもつらかった」と振り返る。万全で臨んだ今回の予選会だったが、レース中盤でまさかの失速をしてしまう。靴《くつ》擦《ず》れのため、足裏の皮が向けてしまったのである。しかし、10キロ㍍付近で並走した米満選手が、「がんばれ」と声をかけてくれ、チームの勝利のために痛みに耐えて完走した。この悔しさを晴らす舞台は箱根しかない。目標はただひとつ。「シード権」の獲得だ。

鈴木ニムラ

すずき　にむら

①4年
②流山南
③14分29秒
④29分42秒
⑤65分04秒

SUZUKI Nimura

2年生の秋に1万メートルで好記録を出すものの、その後、両足の疲労骨折に泣いた。3年生の秋に手術を決断。その年の箱根駅伝予選会は、病院のベッドでテレビ観戦せざるをえなかった。しかし、2019年7月に練習を再開し、8月には月間1000キロメートルを走り込むなど、まさに奇跡の復活を遂げた。苦しいとき、いつも声をかけてくれた築舘主将を「すてきなキャプテン」と、はにかみながら語る鈴木選手の笑顔には、「感謝」の気持ちがあふれていた。支えてくれたすべての人たちに恩返しをしようと挑んだ予選会は、チーム12位と不本意な結果だったが、「絶対に下は向かない。攻めの走りで箱根をめざす」と決意を新たにする。それが唯一の恩返しになるからだ。

上田結也

うえだ　ゆうや

①4年
②九州学院
③14分16秒
④29分26秒
⑤63分48秒

UEDA Yuya

中学校では野球に夢中だった。しかし、中学2年生で肩を壊してしまう。失意の上田選手に陸上を薦めたのが両親と陸上部の顧問だった。榎木監督が就任して月間750キロメートルの目標が掲げられたが、距離への苦手意識がないこともあり、夏合宿期間には1050キロメートルを踏むことができた。上位での走りが期待された箱根駅伝予選会は、チーム11位の結果に。「つらいときに粘れない実力不足。それが予選会でも出た」と自身の走りを振り返る。それでも、「悔いのない努力をして、陸上を薦めてくれた両親と中学の恩師、そして高校の恩師、創価大学のコーチ、スタッフに走りで感謝の思いを伝えたい」と熱く語る。箱根路を走れるのはラストチャンス。その雄姿を焼きつけたい。

①学年　②出身高校　③5000mPB　④10000mPB　⑤ハーフマラソンPB

鈴木 大海

すずき　ひろみ

①3年
②藤沢翔陵
③14分09秒
④29分23秒
⑤63分52秒

SUZUKI Hiromi

前回の箱根駅伝予選会をチーム1位で走破し、本大会では関東学生連合として3区を快走した。初めての箱根駅伝で感じた常連校の強さは、〝あいさつ〟の仕方ひとつから違っていた。「そこから変わらないと、チームは強くなれない」と痛感したという。夏合宿では、「主力の自分が引っ張る」と強い責任感を背負い、ひたすら距離を踏んだ。しかし、調子が上がってこない。直前の記録会でも結果が出ない。一人で苦しんでいたとき、仲間たちが「一人で背負わなくてもいい。俺たちがいる」と声をかけてくれた。その言葉のおかげで、ようやく重圧から解放され、予選会ではチーム9位。「復調のきっかけはつかめました」と、その力強い眼差しはしっかりと箱根路を見据えている。

石津 佳晃

いしづ　よしあき

①3年
②浜松日体
③14分41秒
④29分36秒
⑤64分46秒★

ISHIZU Yoshiaki

箱根駅伝を走ることが中学生のころからの夢だった——。夏合宿期間の8月は、月間走行距離800キロ㍍を走破したが、ガーミンを確認すると、毎日のように築舘主将がトップの走行距離。「主将が背中で引っ張ってくれた。4年生たちの存在は本当に大きい」と感謝の念は尽きない。夏は貧血と低血糖に苦しんだが、食事を改善し徐々に調子が上がってきた。その証拠に9月の記録会では、1万㍍で自己記録を更新。箱根駅伝予選会では、個人43位、チーム2位で、3年生としての責任を果たした。しかし、「めざしたのは64分一桁台。満足できない」と自らに厳しい。「箱根なんか、出られないよな」とあきらめかけたこともある。それでも手にした箱根への切符。あとは夢の舞台で躍動するだけだ。

FUKUDA Yuichi

福田 悠一

ふくだ　ゆういち

①3年
②米子東
③14分18秒
④29分46秒
⑤65分01秒★

前回の箱根駅伝予選会は、期待されながらもケガのため出場は叶わなかったが、2019年シーズンはケガからも復調し、6月に行われた全日本大学駅伝関東学連推薦校選考会では4組でムイルとともに力走。7月には5000㍍で自己記録を更新した。ハーフマラソンで競える持久力を身につけることを目標として、夏場に距離を踏んできた結果、9月の記録会でも1万㍍で自己新記録をマーク。一見、控えめな性格にも見えるが、練習中には周囲に的確な声かけをするそうだ。榎木監督も頼もしく思う名脇役的存在だが、予選会前は調子を落としていた。それでも個人52位、チーム3位とその実力を垣間見せた。本大会までに調子を取り戻し、箱根路を駆け抜けてくれるだろう。

OSAWA Tomoki

大澤 智樹

おおさわ　ともき

①3年
②佐久長聖
③14分18秒
④30分17秒
⑤66分20秒★

関東インカレ(2019年5月)、3000㍍障害の予選で自己記録を更新。決勝では5位入賞を果たした。チーム内でもスピードに自信をもつ選手の一人だ。しかし、箱根駅伝予選会はハーフマラソンでの勝負。長い距離の苦手意識克服を課題に、8月は800キロ㍍を超える走り込みに成功した。19年の年頭に決めた漢字は「先」。自分たちが4年生になる20年度も見据えて、勝負にこだわりたいとの思いからだ。箱根駅伝予選会の出場メンバー選考も兼ねた9月の記録会では、自己新記録をマーク。予選会初出場を果たし、結果はチーム10位。まずは、本大会メンバーに選ばれることを目標に身体を絞り抜くという。持ち前のスピードを活かしたラストスパートを箱根路で見てみたい。

①学年　②出身高校　③5000mPB　④10000mPB　⑤ハーフマラソンPB

嶋津 雄大

しまづ　ゆうだい

①2年
②若葉総合
③14分03秒
④29分22秒
⑤64分16秒

SHIMAZU Yudai

2019年4月、ハーフマラソンで自己記録を更新したが、それは2月以降、春先にかけて愚直に月間700キロ㍍の距離を踏んだ成果と胸を張る。榎木新体制での大きな改革のひとつ、「距離」の大切さを証明してみせた。その後、5000㍍でも自己新記録をマーク。スタミナとスピード両面での成長を遂げたエース候補の一人だ。挑んだ箱根駅伝予選会で、暑さを得意としない彼は途中で失速してしまうが、すぐ横を駆け抜けていく仲間たちが声をかけてくれた。なかでも、「ここで一緒にペースを落として、後半でひと踏ん張りしよう」と寄り添い、励ましてくれた築舘主将の言葉で、最後まで粘れたという。結果はチーム8位。気温も下がる箱根路こそが本領発揮の本舞台だ。

永井 大育

ながい　だいすけ

①2年
②樟南
③14分32秒
④30分15秒
⑤65分13秒★

NAGAI Daisuke

前回の箱根駅伝予選会には、1年生で唯一出場したものの、不本意な結果で終わってしまう。その後も記録は伸びず、思い悩んでいたときに、練習でまったく距離を走れていないことに気づいたという。その後、距離を踏む練習を積み上げていくと、自然と足が疲れなくなった。そして3月に出場したハーフマラソンでは、自己記録を更新。距離を踏む大切さを自覚した永井選手は、夏合宿を経て土台となるスタミナをつけられたという。そして、2度目の予選会では、暑さ対策であえてペースを落とすなど冷静にレースを運び、チーム6位の力走を見せた。「大舞台で走る姿を家族や友人に見てもらえたら、これほどの喜びはありません」と語る永井選手の箱根路での活躍に期待したい。

葛西 潤

かさい　じゅん

①１年
②関西創価
③14分06秒
④29分45秒
⑤65分03秒★

関西創価高校を全国高校駅伝初出場に導き、各校のエースが集う都大路の第1区で見せた見事な快走は周囲を大いに沸かせた。まさに期待のスーパールーキーなのだが、「プレッシャーは感じない」という。これがまた大物感が漂う発言なのだが、「持っているものしか出せないから」と冷静な一面を垣間見せる。箱根常連校へ進む道もあっただろうが、「たくさんの方に応援してもらった恩返しがしたい」と創価大学に進学。入学後も順調に記録を伸ばし、挑んだ箱根駅伝予選会。スタートから3キロメートルまでは腕が振れず、後半も苦しんだが、それでも初のハーフマラソンで、個人56位、チーム4位の結果は見事。まずは、伝統の箱根路を思いっきり楽しんでもらいたい。

KASAI Jun

濱野 将基

はまの　まさき

①１年
②佐久長聖
③14分06秒
④30分18秒

葛西選手とともに将来のエース候補の一人だ。高校時代は、世代トップクラスの選手が揃う駅伝名門校で揉まれた。だからこそ大学では、自分の力で、世界で輝ける選手になりたいと創価大学への進学を決めた。大学入学後は、ケガのため思うような練習を積めていないが、まずは、大学3年、4年で世代トップに立つことを見据えている。長距離走を始めたのは中学時代。「人生が変わった」といっていいほど、はじめて自分が輝ける競技だったそうだ。「世界で輝く」と常に目標が高いのは、本田圭佑（プロサッカー選手）を尊敬するからこそ。残念ながら箱根駅伝予選会には間に合わなかったが、本大会での力走が期待される。箱根から世界へ羽ばたく姿を楽しみに見守りたい。

HAMANO Masaki

①学年　②出身高校　③5000mPB　④10000mPB　⑤ハーフマラソンPB

新家 裕太郎

にいなえ　ゆうたろう

①1年
②大阪
③14分36秒
④31分18秒

NIINAE Yuutaro

もともと短距離選手だったが、「山の神」と呼ばれた神野大地選手（青山学院大）に憧れて長距離に転向した。自分自身のことを「箱根駅伝をめざすチームに入れるほどの実力はなかった」と語るが、実際、大学入学後、高校時代の2倍もの練習量にまったくついていけなかったという。しかし、夏合宿で練習を重ねる中で徐々に頭角を現し、9月の新人戦で出場した3000㍍障害では、9分08秒の好記録をマークするまでに急成長。これは同種目で関東インカレ5位入賞をした大澤選手の記録に肉薄する。1年生ながら予選会メンバー14名に滑り込み、出場は叶わなかったが、本大会での5区出場をあきらめてはいない。新たな「令和の山の神・新家裕太郎」の誕生に期待したい。

吉田 泰樹

よしだ　たいき

①4年　②つばさ総合

YOSHIDA Taiki

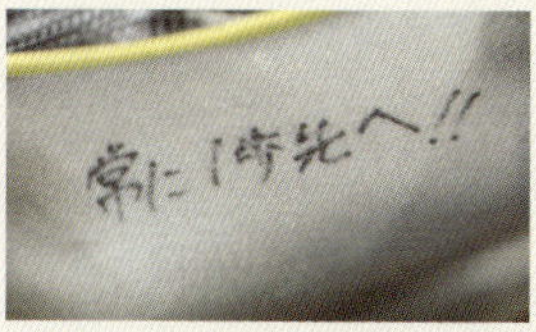

瀬上総監督も榎木監督も、「有能なマネージャーの存在がなければチームはまわらない」と口を揃えるが、そのマネージャーを束ねるのが吉田主務だ。かつて、卒業するマネージャーの先輩から託されたカバンがある。そこには「常に一歩先へ!!」との言葉が刻まれていた。最初は何もわからなかったが、次第に視野が広くなり、一歩先を意識した行動ができるようになった。ときには、スタッフと選手の板挟みになることもあるというが、そうしたときも信頼が厚い彼だからこそ、解決の道が開けるのだろう。レースになれば、選手にだれよりも熱い声援を送る。「選手と一丸になって箱根へ」――それがチームを支える吉田主務の変わらない想いだ。彼の存在なくして、箱根の勝利はない。

伝統の箱根駅伝

「歴史」と「魅力」を知ろう！

**「日本マラソンの父」ともいうべき金栗四三は、
2019年度の大河ドラマ「いだてん～東京オリムピック噺～」の主人公として一躍有名になった。
彼がちょうど100年前に創設した「箱根駅伝」の歴史と魅力をひもといてみたい。**

大正ロマンを受け継ぎ、国民的イベントに成長

正月の風物詩となり、日本国民から愛され、盛大な拍手を集める。観る者の心を揺さぶる箱根駅伝は、「伝統」という言葉がよく似合う。東海道を中心に行われる、往復で約220キロメートルものレースには、明治・大正時代の夢が詰まっているからだ。

その物語は明治45年（1912年）から〝スタート〟している。元々は日本人で初めてオリンピック選手になった金栗四三が考えた「強化策」がきっかけだ。ストックホルム五輪の男子マラソンで途中棄権に終わった金栗は、「オリンピックで日本を強くするには長距離、マラソンの選手を養成するしかない。しかし、マラソン走者を一度にたくさん作るには、どうしたらよいだろうか？」と頭を悩ませたという。

その結論として導き出したのが「駅伝」だった。将来的には、「アメリカ大陸横断」というスケールの大きなレースを開催しようと考え、その選考会という位置づけで、「箱根駅伝」が誕生する。大正9年（1920年）2月14・15日。日本陸上競技連盟が発足する5年も前のことだった。

第1回大会は日比谷―箱根間で行われ、明治大、早稲田大、慶応大、東京高等師範学校（現・筑波大）の4校が参加。東京高等師範学校が優勝している。

その後は早稲田大と明治大の対決が盛り上がり、参加校も増えて、

箱根駅伝の第1回大会で優勝した東京高等師範学校の茂木選手のゴール（1920年2月15日）

その人気が高まっていく。

当時はフェアプレイ精神が高揚されており、「ルール破りをする選手がいるはずはない」と、中継所以外に審判や観察員は配置しなかった。そのため、箱根山中では近道をする秘策を各校が練っていたという。そんな牧歌的な時代もあった。

昭和19～21年（1944～46年）は、戦争のために中断を余儀なくされたものの、金栗四三が思い描いた〝大正ロマン〟は、変化の激しい時代のなかでも輝き続ける。

第2回大会からは1月上旬に開催されることになり（大正天皇崩御のため第8回大会のみ4月開催）、新春恒例の駅伝は脚光を浴びた。応援車両が増加するため、第31回大会からは、開催日が1月2・3日に変更。昭和30年代には中央大が6連覇の金字塔を達成するなど、新春のドラマは加速した。

昭和後期に台頭した3校が〝黄金時代〟を築く

昭和39年（1964年）に東京五輪が開催されると、その後は順天堂大、日本体育大、大東文化大などが台頭。この3校はいずれも〝黄金時代〟を築いている。

順天堂大は第42回大会（1966年）で初優勝に輝くと、第62～65回大会では4連覇を達成した。

日本体育大は初優勝から一気に5連勝（第45～49回大会）を飾り、その後も第59回大会までに4度の総合Vを奪取。大東文化大は2度の連覇（第51～52回と第66～67回大会）を成し遂げている。

箱根駅伝のレベルも上がり、1980年代に「世界最強のマラソ

箱根駅伝の第1回大会を制し、優勝旗を囲んで記念撮影する東京高師のメンバー。手前の学ラン姿が金栗四三（1920年2月15日）

ンランナー」として君臨した瀬古利彦（早稲田大ＯＢ）、１９９１年の東京世界陸上の男子マラソンで金メダルに輝いた谷口浩美（日本体育大ＯＢ）などが〝世界〟に飛び立った。

近年では３年連続で区間新を樹立した佐藤悠基（東海大ＯＢ／現・日清食品グループ）が日本選手権の1万㍍を4連覇して、世界大会に何度も出場した。

箱根では活躍できなかったものの、中本健太郎（拓殖大ＯＢ／現・安川電機）はマラソンで活躍。ロンドン五輪で６位、モスクワ世界陸上で５位に入った。２０１９年のドーハ世界陸上に出場した川内優輝（学習院大ＯＢ／現・あいおいニッセイ同和損害保険）も関東学連選抜の一員として６区を２度走っている。

すでに箱根駅伝から70人以上のオリンピアンが誕生した。そして、２０１９年９月に行われたマラソングランドチャンピオンシップ（ＭＧＣ）では、中村匠吾（駒澤大ＯＢ／現・富士通）と服部勇馬（東洋大ＯＢ／現・トヨタ自動車）が「２位以内」を確保して、東京五輪の男子マラソン代表内定を決めている。

18年10月のシカゴマラソンで2時間5分50秒の日本記録を打ち立てた大迫傑（早稲田大ＯＢ／現・ナイキ・オレゴン・プロジェクト）も３位となり、東京五輪代表に大きく前進した。

テレビの生中継が始まり、お茶の間に〝感動〟が広がった

第63回大会（１９８７年）から日本テレビの生中継が始まり、箱根駅伝の人気は急上昇した。放映開始から数年の間に、ジョセフ・オツオリら山梨学院大のケニア人留学生が〝アフリカの風〟を吹き込み、花の２区では、早稲田大・櫛部静二が終盤フラフラになる〝世紀の大ブレーキ〟を起こしている。怪物の出現と、ハラハラドキドキの大波乱が、お茶の間を熱くした。

注目度が増すなかで、ヒーローも続々と登場する。１区と２区で区間記録を叩き出した早稲田大・渡辺康幸、渡辺の２学年下で、４区と５区で区間記録を樹立した早稲田大・小林雅幸らはアイドル的な人気を博した。同時に、残酷なシーンも目の当たりにすることになる。第72回大会（１９９６年）では4区で山梨学院大・中村祐二が、第78回大会（２００２年）では２区

初めてのテレビ中継で走者を追う中継車。先頭を走る中央大学の富永博文選手は、のちに宮崎県立小林高校の駅伝部監督として榎木和貴（現・創価大学駅伝部監督）を育てた（1987年1月2日）

で法政大・徳本一善がまさかの途中棄権。エースたちの涙が、視聴者を感動させた。

第75回大会（1999年）では、「当分破られない」といわれた渡辺のマークした2区の区間記録を順天堂大・三代直樹が塗り替える快走を見せると、4区でも劇的ドラマが待っていた。後にマラソンで日本記録を樹立する駒澤大・藤田敦史がトップ順天堂大から2分20秒遅れで走り出し、15・5キロ付近で大逆転。逆に1分06秒差のリードを奪っている。

このときは順天堂大に再逆転を許して2位に終わった駒澤大だが、翌年から第81回大会（2005年）まで圧倒的な強さを発揮した。6年間で4連覇を含む5度の総合優勝を成し遂げたのだ。往路をトップが見える位置で折り返して、選手層の厚さで優位に立つ復路で逆転するというのが勝ちパターンだった。

しかし、第82回大会（2006年）から5区の距離が2・5キロ《メートル》延長すると状況は一変。〝山の時代〟に突入する。順天堂大・今井正人（現・トヨタ自動車九州）、東洋大・柏原竜二、青山学院大・神野大地（現・セルソース）。「山の神」と呼ばれた特別なクライマーが現れ、信じられないような大逆転劇を披露した。

勝負を占う意味でも5区のウエイトが増大する。5区が最長区間となった11レース（第82〜92回大会）で区間賞を獲得した選手を擁するチームが10回も往路を制して、そのうち7校が総合優勝まで突っ走ったのだ。

また最長区間の5区で、低体温

症や低血糖症に陥り、大ブレーキとなる選手が続出するという問題も起きた。順天堂大、中央大、城西大は箱根山中で「途中棄権」という悪夢を経験している。

近年は〝青学旋風〟が巻き起こった。第91回大会(2015年)は5区を走った神野大地が柏原竜二(東洋大)の区間記録を上回るタイムを叩き出して初優勝を飾ると、そのまま4連覇を達成。ビジネスマンの手法を大学スポーツ界に持ち込んだ原晋監督の指導も話題になった。

〝新たなる時代〟へ箱根駅伝はまだまだ進化する

第93回大会(2017年)から往路の小田原中継所が、鈴廣前の施設拡張工事に伴い、東京寄りのメガネスーパー前に移動した。11年ぶりに以前の位置に戻り、4区が18・5キロメートルから20・9キロメートルに、5区が23・2キロメートルから20・8キロメートルに、それぞれ2・4キロメートル延長・短縮。〝5区の時代〟は終焉して、チームの〝総合力〟で勝負する時代に突入した。

前回(2019年)はアベレージ型ともいうべきチーム構成の東海大が初栄冠に輝いている。2区終了時の5位から徐々に浮上。6区と7区で往路V2を飾った東洋大に迫ると、8区小松陽平が22年ぶりの区間記録の快走で逆転した。4つの区間賞を奪った青山学院大も寄せ付けなかった。

大学スポーツ界の華となった箱根駅伝の人気は高まるばかり。本格強化する大学も年々増えている。第93回大会は最多出場(90回)と最多優勝(14回)を誇る名門・中央大が予選会で落選するなど、かつての古豪も正月の晴れ舞台に立つことが容易ではなくなった。

その一方で、第85回大会で上武大、第91回大会で創価大、第92回大会で東京国際大が初出場を果た

創価大学が初出場を決めた第91回大会の予選会(2014年10月18日)

している。前回までに11年連続出場した上武大の最高成績は14位と、箱根駅伝は〝新参者〟にもやさしくはない。そのなかで創価大は初出場時こそ最下位の20位に沈んだものの、第93回大会は12位まで浮上した。3年ぶり3回目の出場となる今回は第87回大会の國學院大以来となる〝シード校〟に挑戦する。

箱根駅伝で最も感動的なのは、1月3日の13時30分頃の大手町。優勝校の最終走者がフィニッシュする瞬間だ。ゴールエリアは関係者しか入ることができないものの、その周囲を多くのファンが取り囲み、お祭り騒ぎに。しかも、その中心では本物の〝感動〟が渦巻いている。

最終走者が近づいてくると、部員たちは肩を組んで、校歌などを合唱しながら、アンカーの到着を待ち構える。すでに目を赤くしている選手もいて、タスキをつないだ選手だけでなく、走れなかったメンバーやマネージャー、監督などチーム全員の心がひとつになる。それは〝人生最高の瞬間〟と言ってもいいだろう。

優勝争いだけでなく、シード権争いも熾烈《しれつ》になっており、ドラマはいたるところで繰り広げられている。そして、わずか数秒差が天国と地獄を隔てることも。〝敗者〟となった大学にとっては、残酷な現実を受け止めなくてはならない。これも箱根をめざしてきた者たちの宿命だ。

２０２０年正月に開催される第96回大会はどのようなクライマックスが待っているのか。夏の東京五輪、それから第１００回大会へ。学生ランナーたちの挑戦に終わりはない——。

沿道の大歓声を受けながら両手を広げてゴールした青山学院大学の安藤悠哉選手。この瞬間、青学の3年連続、3度目の総合優勝が決まった（2017年1月3日　東京・大手町）

& 各区間の特徴

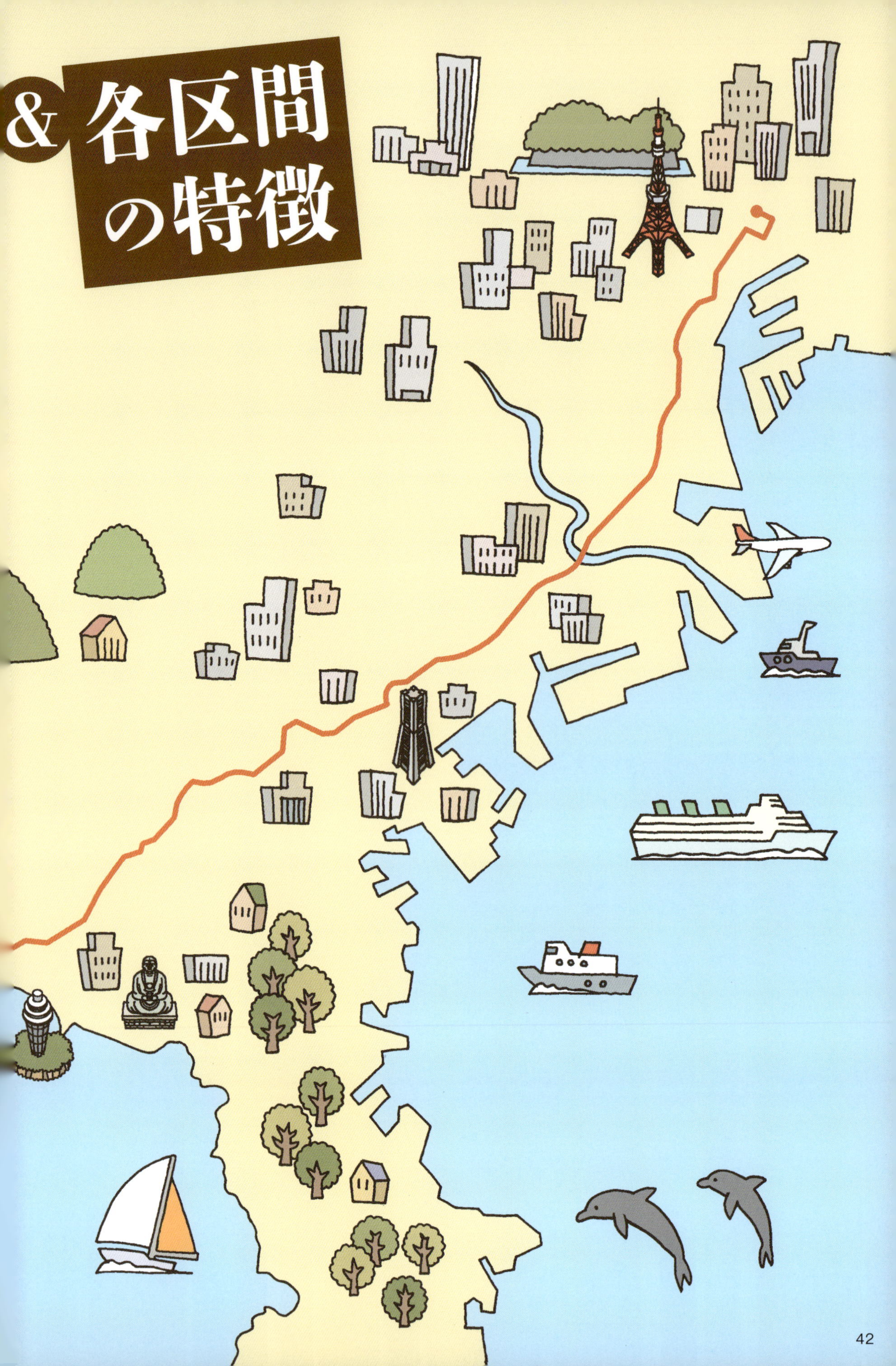

全コースマップ

箱根駅伝は全長217.1km（往路107.5km、復路109.6km）もの長丁場。
全10区間で20kmを超えて、1区間の平均距離は21.7kmになる。
1区間平均が7.51kmの出雲駅伝（全6区間）、同13.35kmの
全日本大学駅伝（全8区間）と比べても距離の長さは突出している。
しかも、そのコースは大都会を駆け抜けて、海を眺めて、山に挑むという
壮大なものだ。そこで全10区間の距離と特徴を紹介。
ランナーたちの〝勝負どころ〟を知っておこう。

イラスト＝櫻井通史

往 1区 21.3km 大手町➡鶴見

区間記録／1時間1分06秒（07年）佐藤悠基（東海大）

東京・大手町の読売新聞東京本社前を午前8時にスタート。駅伝は「流れ」が大切なため、各校とも好位置につけようと主力級ランナーを起用してくる。一斉スタートのため、長い距離の単独走経験が乏しい1年生を抜擢《ばってき》するケースも少なくない。

レース前の雰囲気は独特で、選手たちがスタートラインに並ぶころには、ピリピリとした緊張感に包まれる。全体的にはフラットなコースで、起伏は7・8キロ《メートル》付近の八ツ山橋と18キロ《メートル》付近の六郷橋くらい。序盤からハイペースになるか、スローペースから終盤にペースアップするか。どちらかのパターンになることが多い。

区間記録を樹立した佐藤悠基（東海大）は序盤で抜け出して、後続に4分01秒という大差をつけている。終盤勝負では六郷橋の上りや下りを使い、スパートを仕掛けることがほとんど。花の2区にはエースが控えていることもあり、1区は順位よりも、タイム差が重要になる。

復 10区　23.0km 鶴見➡大手町

区間記録／1時間8分59秒（07年）松瀬元太（順天堂大）

03年大会から日比谷通りを馬場先門前で右折して、日本橋を渡るコースに変更。距離が約2キロ《メートル》延びたことで、安定感のある上級生の起用が多くなった。近年は4年生が母校のタスキを大手町に届けることがスタンダードになっている。コース自体は六郷橋と八ツ山橋のアップダウン以外はフラットのため走りやすい。しかし、天候によっては急上昇する温度と、ビル風に悩まされることもある。何より9人の汗が染み込んだタスキをゴールまで運ぶ重圧が大きい。

ゴールの読売新聞東京本社へ優勝校が到着するのは13時30分頃。今回はどんな大歓声が聞こえてくるのか。復路6区で一斉スタートする学校もあるため、中位以降は、走行順位と実際の順位が違うことも少なくない。とくにシード権を争う大学は〝見えないライバル〟とも勝負することになる。ブレーキの多い区間でもあり、最後の最後まで何が起こるかわからない。

往 2区 23.1km 鶴見→戸塚

区間記録／1時間6分04秒(09年) M・J・モグス(山梨学院大)

歴代のエースたちが名勝負を繰り広げてきた華やかな区間。23・1キロ《メートル》は9区と並んで最長距離になる。17年大会から5区の距離が短縮されたこともあり、エースたちの対決がさらに激化した。

前半はフラットコースだが、横浜横須賀道路のガードをくぐる14キロ《メートル》付近から約20《メートル》上る権太坂があり、ラスト3キロ《メートル》には標高差で約40《メートル》ある上り坂が待ち構えている。ライバルたちを意識しながらハイペースで進むため、厳しい戦いが続く。しかも、1区がスローペースになるとタイム差がつかないので、順位変動は大きい。いくつもの集団が形成されて、そのなかで熱いバトルが繰り広げられ、ライバルたちを蹴落《けお》としていく。走力だけでなく、レースの駆け引き、メンタルの強さも必要だ。

前回は塩尻和也（順天堂大）が日本人最高の1時間6分45秒（区間歴代3位）で走破した。1時間6分台は留学生を含めて過去に7人しかいないが、今回も好タイムが期待できそうだ。

復 9区 23.1km 戸塚➡鶴見

区間記録／1時間8分01秒（08年）篠藤淳（中央学院大）

23.1キロ《メートル》は2区と並ぶ最長区間で、優勝の行方、シード権争いのカギとなるため、「復路のエース区間」と呼ばれている。

スタートしてすぐに急な下り坂があり、序盤からスピードに乗りやすい。逆走コースの2区と比べて、イージーな区間といえるだろう。しかし、大混戦の2区とは異なり、単独走になることが多く、タスキを受け取る順位によってランナーたちの戦略も変わってくる。順位キープに重点を置き、安全運転で走るランナーも多く、2区と比べてタイムは伸びていない。

区間記録は08年大会に篠藤淳（中央学院大）が樹立した1時間8分01秒。前回は吉田圭太（青山学院大）が1時間8分50秒で区間賞を獲得しているが、過去に1時間8分台をマークした選手は7人しかいない。下り気味のコースということを考えれば、スーパーエース級の選手が快走すれば、1時間6～7分台は十分に可能だ。近い将来、大逆転劇を披露するランナーが現れるかもしれない。

往 3区 21.4km 戸塚→平塚

区間記録／1時間1分26秒（19年） 森田歩希（青山学院大）

エースからタスキを受ける3区は往路の中盤。1キロメートル付近の原宿第一歩道橋あたりから浜見山交差点までの約9キロメートルで、約60メートルの標高差を下る「スピード区間」になる。16年大会まで4区が最短区間だったこともあり、近年は佐藤悠基（東海大）、竹澤健介（早稲田大）、設楽悠太（東洋大）、大迫傑（早稲田大）など1万メートル27分台ランナーも駆け抜けた。

とくに2区で勝負できない大学は3区に主力級を配置して、順位を上げる作戦をとっている。走りやすいコースだけに1年生の起用も目立つ。11・9キロメートルの浜須賀歩道橋を右折して国道134号線に入ると、ランナーたちは左に相模湾、正面に富士山を望む。景色は最高だが、強い向かい風に苦しめられることも。湘南大橋を渡れば、残りは約4キロメートル。前半はダウンヒルコースのため飛ばしやすいだけに、ペース配分と終盤の走りがポイントだ。

前回は森田歩希（青山学院大）が区間記録を12秒塗り替えた。

復8区　21.4km 平塚➡戸塚

区間記録／1時間3分49秒（19年）　小松陽平（東海大）

海岸線沿いは平坦な道が続くが、9・5キロ《メートル》付近の浜須賀歩道橋を左折してからは上り気味のコースとなる。とくに15・6キロ《メートル》地点の遊行寺の坂は、山を除けば箱根駅伝で最大の難所だ。しかも、天気のよい日は、正面から日差しが降り注ぐ。ペース配分が難しく、後半は暑さとの戦いも待っているため、脱水症状などでフラフラになる選手もいる。攻略が難しいコースだけに、タイム差がつきやすい区間といえる。

近年、総合優勝を狙う大学は8区までに勝負を決めるケースも多く、全体的に主力級を配置するような重要区間になりつつある。ルーキーだった古田哲弘（山梨学院大）が追い風に乗って樹立した97年大会の1時間4分05秒が最古の区間記録として残っていたが、前回大会で小松陽平（東海大）が22年ぶりに更新した。従来の記録を16秒も塗り替える快走で、東洋大を突き放して、チーム初となる総合優勝の立役者になった。

往 4区　21.3km　平塚→小田原

区間記録／1時間0分54秒（19年）　相澤晃（東洋大）

16年大会まで18・5キロメートルのショート区間だったが、往路の小田原中継所が12年ぶりに鈴廣前に移動。距離が20・9キロメートルに、さらに今大会からは21・3キロメートルとなり、再び「準エース区間」という位置づけになった。

海岸線の大磯駅前歩道橋から再度、国道1号線へ。東海道の松並木を抜けると、12キロメートル手前の国府津駅入口までは細かい起伏が続く。後半はいくつもの橋を渡り、延長された終盤のコースは標高差で30メートル上る。厳しいコースのため、攻略は簡単ではない。さらに山上りの5区にタスキを渡すことを考えると、山に不安要素のあるチームは好位置を確保しておきたいところだ。

前回は相澤晃（東洋大）が区間記録を1分27秒も短縮する1時間0分54秒で走破。中継ポイントが以前とは少し異なるため参考記録となるが、99年に藤田敦史（駒澤大）がマークした05年大会までの旧4区（20・9キロメートル）の最高タイム（1時間0分56秒）も上回った。

復 7区 21.3km 小田原➡平塚

区間記録／１時間２分16秒（18年） 林奎介（青山学院大）

7区は小刻みなアップダウンがあるものの、コースはそれほど難しくない。ただ、最も気温差が激しい区間。午前9時前後の小田原中継所は冷え込むことが多く、晴れると海岸線の気温がグンと上がるので注意が必要だ。往路でトップから10分以上遅れたチームは復路で一斉スタートになるため、6区、7区の選手が踏ん張ると、上位でレースを進めるチャンスになる（走行順位と実際の順位は異なる場合もある）。

４区を逆走するコースだが、最後の大磯郵便局前と高村不動産前の間だけは、一方通行道路のため迂回する別ルートになる。7区は全10区間のなかで最も走りやすい区間だけに、あえてエース級を配置して、勝負を仕掛けてくる大学もある。

歴代の区間記録保持者には、武井隆次（早稲田大）、佐藤悠基（東海大）、設楽悠太（東洋大）というビッグネームが並ぶ。前々回、前回と林奎介（青山学院大）が設楽の保持していた区間記録（1時間2分32秒）を2年連続で上回った。

往5区 20.8km 小田原➡箱根

区間記録／1時間10分54秒（19年） 浦野雄平（國學院大）

06～16年大会まで最長区間だったこともあり、今井正人（順天堂大）、柏原竜二（東洋大）、神野大地（青山学院大）という「山の神」と呼ばれるようなヒーローが登場した。

17年大会から距離が20・8キロ《メートル》に短縮されたものの、箱根駅伝を象徴する〝特別な区間〟であることに変わりはない。スタート地点の鈴廣前は標高約40《メートル》。箱根湯本駅を過ぎた3キロ《メートル》付近から本格的な上りが始まり、そこから約13キロ《メートル》にわたり、上り坂が続く。コーナーが連続するため、前後の走者を把握するのは難しい。そして距離が進むにつれて、気温も下がってくる。16・3キロ《メートル》付近で標高874《メートル》の「1号線最高地点」に到達。その後は元箱根まで一気に下り、最後の約1キロ《メートル》は緩やかな上り坂だ。

前回は浦野雄平（國學院大）が青木涼真（法政大）の保持していた区間記録を50秒も短縮する1時間10分54秒と快走した。浦野と青木は今回も5区出場が濃厚。「山の神」は現れるのか。

復6区 20.8km 箱根➡小田原

区間記録／57分57秒（19年） 小野田勇次（青山学院大）

6区は「山下り」の区間で、谷口浩美（日本体育大）、金子宣隆（大東文化大）ら多くのスペシャリストが活躍した。復路のスタート時間は午前8時00分。往路の成績順に時差で走り出して、トップから10分以上遅れたチームは一斉スタートとなる。序盤は上り中心だが、4・5キロ《メートル》の「1号線最高地点」からは一転して、ダウンヒルコースに。いくつものコーナーを抜けながら、駆けおりていく。そのためコース取りが重要で、最短距離をうまく突きながら、いかにスピーディーに走りことができるのか。急坂の部分では1キロ《メートル》2分30秒を切るような場面もあり、かなりの速度となる。走りのテクニックはもちろん、攻め続ける強い気持ちも欠かせない。そして平坦となるラスト3キロ《メートル》も意外とタイム差がつく。

前回は小野田勇次（青山学院大）が初めて57分台に突入。今回は中島怜利（東海大）、今西駿介（東洋大）らが区間記録の更新を狙っている。

創価大
創価大学

がんばれ、創価大学！私も応援します！

コラム

栄養指導を通し、選手をサポート

創価大学駅伝部を「食」で支える

　アスリートにとって食は命。創価大学駅伝部の寮で提供される朝晩の食事は、給食事業に取り組む株式会社LEOC《レオック》（小野寺裕司《ひろし》代表取締役会長兼社長）が提供している。

　2019年7月からは、同社所属の管理栄養士もサポートチームに加わった。

「貧血気味の選手もいました。原因は鉄不足だと思われがちですが、鉄分だけの問題ではなく、摂取エネルギー量を十分に確保できていないために貧血になってしまうこともあります。消費エネルギー量の多い駅伝選手はエネルギー不足のリスクも高まります。そこでまずはエネルギー不足を補うため、食事内容を改善しました」（仲山七虹《ななこ》さん）

　日中は大学の授業があるため、ほとんどの選手は昼食を学生食堂で食べる。

「学食ではどうしても、カレーライスや揚げ物など脂質が多い食事に偏りがちです。そこで体重コントロールが必要な選手については3食の写真をLINE《ライン》で送ってもらい、食事内容について毎日アドバイスしました」（宮澤理恵さん）

　箱根駅伝の本大会は真冬の1月2・3日に開かれるため、風邪やインフルエンザは大敵だ。1人でも罹患者《りかんしゃ》が出れば、寮生活を送るチーム全体に蔓延《まんえん》してしまう。

「予選会に向け、1073R《アール》-1《ワン》乳酸菌飲料を取り入れていただくなど、監督にも食環境整備にご協力いただきました。栄養面だけに限らず、睡眠時間の確保や風邪対策など、チームスタッフの一員として、コンディショニング維持《いじ》のための指導を行いました」（仲山さん）

　箱根駅伝予選会（10月26日）当日朝の〝勝負メシ〟も、LEOCの管理栄養士チームが考案した。メニューは餅入りの力うどん（温泉卵をトッピング）、どら焼き、バナナ。ふりかけや海苔《のり》の佃煮《つくだに》、お茶漬けの素などを差し入れし、白米も多く食べられるようにした。

「予選会の1週間前には、当日とまったく同じメニューの朝食（高糖質食）を提供し、食事内容を含めたシミュレーション日を設定しました。選手の皆さんは走ったときの感覚や消化状態など、コンディションの確認をしてから当日を迎えました。いよいよ本大会へのカウントダウンです。チーム全体の勝利へ向け、食事面でのサポートに全力を尽くします」（宮澤さん）

　東洋の哲人は「人に食を施すに三の功徳あり・一には命をつぎ・二には色をまし・三には力を授く」と喝《かっ》破《ぱ》した。縁の下の力持ちによる力強いサポートを受け、創価大学駅伝部は厳冬の箱根を疾走する。

管理栄養士の宮澤理恵さん（左）と仲山七虹さん（右）

文＝中野千尋（フリーライター）

History

創価大学駅伝部の歴史と伝統

箱根への軌跡

1971年4月2日、東京・八王子市に創価大学は開学した。創立者・池田大作氏は、開学の日に次の指針を贈っている。

〈英知を磨くは何のため
君よ　それを忘るるな〉
〈労苦と使命の中にのみ
人生の価値《たから》は生まれる〉

大学正門に設置されている「創價大學」の碑。この文字は、創価教育学説の提唱者である牧口常三郎先生の筆による

この指針を胸に刻む草創期のメンバーによって、72年9月、創価大学陸上競技部が誕生する。それから実に42年後の2014年10月、創大駅伝部は悲願の箱根駅伝出場を決めた。出場を報じる当時のスポーツ新聞には「歴史作った　創価大　創部42年」との大見出しが躍った。

前身の創大陸上競技部の歴史は、3人から始まったという。かつて創大陸上競技部の監督を務めた織田良一さん（創大陸上競技部名誉監督）は、次のように述懐する。

「私はもともと小西六（小西六写真工業＝現・コニカミノルタ）陸上部の選手だったんですよ。創大学生課に勤務していた私は、2期生の林伸一さんと今林重行さん（いずれも白馬会＝創大陸上部OB会顧問）に声をかけて、3人でグラウンドを走り始めました。この3人から、創大陸上部の歴史が始まり、駅伝部へとつながっていったのです」

原っぱを駆け回った草創期の苦労

当時の男子学生寮（滝山寮）は12人の大部屋だった。クラブとして創部するためには最低10人の選手が必要だったため、林さんや今林さんは、同じ部屋の学生に声をかけて必死で選手をかき集めた。「素人集団」同然ではあったものの、こうして創大陸上競技部が誕生したのだ。

箱根駅伝出場をめざすには、まずは関東学連（関東学生陸上競技連盟）に加盟しなければならない。関東学連に加盟するためには監督が必要だったため、学生課の職員だった織田さんが初代監督に就任した。こうして1973年4月、陸上部としてはまったくの無名だった創価大学が

夏合宿でバトンリレーの練習をする草創期の陸上部メンバー。写真中央でバトンを渡しているのが織田監督（当時）

関東学連に登録される。

「当時、練習に使っていた創大第1グラウンドは、グラウンドというよりも〝原っぱ〟の状態でした。400メートルのトラックもなければ、スタンドもない。十分に整地すらされていない場所で、私たちは無我夢中で走り始めたのです」

箱根駅伝常連校は、どんな季節でも思う存分練習できる全天候型のすばらしい練習設備とグラウンドをもっている。開学まもなくて無名校だった創大は、そのような充実した練習施設を望むべくもなかった。

無謀な箱根駅伝予選会への初挑戦

創大陸上部が箱根駅伝の予選会に初挑戦したのは、1982年のこと。当時は現在と違い、10人の出場選手すべてが標準タイムを突破しなければ、予選会出場権が与えられなかったわけではない。タイムが良かろうが悪かろうが、とにかく選手を10人揃えさえすれば、ひとまず予選会には出られた。

「入学式のときに学内に看板を立てて『箱根駅伝を走りたい学生は来たれ！』と新1年生に声をかける。高校時代に長距離を走っていた学生を探し、足が速そうな学生を見かければ、片っぱしから声をかける。10人の選手を集めるだけで必死でした」

創大陸上部にとってターニングポイントとなったのは、昭和から平成に元号が変わるころのことだった。

87年に日本テレビが箱根駅伝の全国中継を開始。ただし、当初は今日のように全篇完全生中継ではなく、途切れ途切れに番組が断ち切られる形式の放送だった。

その後、89年1月2・3日から、今日のような形での箱根駅伝の全篇完全生中継が始まる。学生たちが死闘を繰り広げるドラマは視聴者の熱狂的な支持を集め、箱根駅伝は30％もの高視聴率を獲得するお正月のキラーコンテンツとなった。その箱根駅伝出場に、創大陸上部が本気で挑戦することになったのだ。

「創価大学は必ず箱根駅伝に出る!!」

全国から集まってきた選手がしのぎを削る大会で、本戦に勝ち上がるためにはどうすればいいのか。

1990年4月、創大陸上部にスポーツ推薦制度が導入され、スカウトを受けた学生3名が初めて入学する。監督・コーチ陣は全国を駆け回り、高校時代に駅伝で鳴らした選手をスカウトしていった。

そのころ、小西六（現・コニカミノルタ）陸上部の初代監督を務めた山田光良氏が創大陸上部（中・長距離）の監督に就任したことも大きかった。山田監督を知る高校教員が「山田さんのために良い選手を送りたい」と協力してくれるようになった。

「高校駅伝は、男子は42・195キロ《メートル》を7人の走者がつなぎ、一番長く走る選手でも10キロ《メートル》です。当時の箱根駅伝は往路（106・8キロ《メートル》）と復路（107・1キロ《メートル》）の計218・9キロ《メートル》を10人で分担し、走者それぞれが20キロ《メートル》以上を走っていました。よほど強い気持ちがない限り、この過酷なレースを走り切ることはできません。多くの高校駅伝の監督は、私生活も含めて1から10まで本当に厳しく指導します。山田監督は一人ひとりの自主性を重視し、細かいことはいちいち指摘しませんでした。自立した強い気持ちがない選手は、過酷な大学駅伝では伸びていかないのです」

箱根駅伝出場を目標に掲げる高校生ランナーは、できるだけ恵まれた環境の駅伝部に入りたい。強い選手には常連校、強豪校からスカウトの声が次々とかかるため、彼らが無名の創価大学にやってくることはなかなかない。そんな中、当時のチームはどうやって選手を発掘していったのだろうか。

強豪校から声のかからない高校にも、キラリと光る選手はいる。そういう選手を探してはスカウトしていった。「いまは無名かもしれないが、創価大学は必ず箱根駅伝に出て行く。箱根で走るために、君の力を貸してほしいんだ」――そうやって5年、10年と真剣に語り続けた。グラウンドや寮などの環境も整備し、期待をかけてくださる創立者をはじめとする大学関係者に恩返ししたい。その一心でとにかく必死に取り組んだのである。

52秒差で逃した箱根への夢

1990年以降、創大陸上部は箱

根駅伝の予選会で着実に順位を上げ続けた。そして94年の第70回大会で、大きなチャンスが訪れる。

1982年の箱根駅伝予選会に初出場した創価大学の阿野正也選手（ゼッケン42）

この年は10年に一度の周年大会だったため、通常よりも本大会参加校の枠が拡大された。シード校を除き、予選で11位にまで滑《すべ》りこめれば本大会出場権を得られたのだ。

ところが創大陸上部は、惜しくも予選会で13位に終わる。11位で本大会出場を果たした筑波大学とは、わずか52秒差だった。つまり1人あたりあと5・2秒以上速く走れれば、箱根駅伝初出場を果たせたのだ。

箱根への厚い壁に、監督・コーチ陣ならびに選手の落胆は深かった。創大陸上部は、長い低迷の時代に苦しんだ。

しかし、9年後の2003年、一条の光が射し込んだ。

関東学連で創大初のランナーが出場

箱根駅伝は大学ごとにチームを編成して順位を争うレースだが、関東学連選抜の混合チームも1枠のみ出場することができる。

この年、創価大学の野崎天馬選手が関東学連のチームの一員として箱根路を走った。とうとう「創価」の走者が、初めて箱根を激走したのだ。

以来、2005年（竹下友章選手）、10年（尾関誠選手、福島法明選手）、11年（樋口正明選手、福島法明選手）と、創価大学は10年間で延べ6名の選手を関東学連選抜ランナーとして箱根駅伝に送り出す。

多くの人たちの熱い思いに押し出されるかのように、長年の悲願に一歩ずつ近づいている兆しは感じられた。だが、これはあくまでも混合編成チームの一員であって、創価大学単体がチームとしての箱根駅伝出場を勝ち取ったわけではない。

どうしても箱根駅伝本大会へ勝ち

上がれない創価大学。先の見えない苦闘の日々は続いていた。

背水の陣で臨んだ「5カ年計画」

「もう箱根駅伝はあきらめるべきではないのか」

学内にさえ、そんな厭戦的《えんせんてき》な声が漂う中、創大陸上部は不可能を可能にするための「5カ年計画」に挑戦する。２００９～13年の5年計画で指導陣を強化し、学生生活の環境整備においても、これまでにない充実した態勢を組んだのだ。

08年4月には、1万８０００坪の敷地をもつ天然芝の陸上競技部専用の池田記念グラウンドが完成した。研修室やシャワールーム、トレーニングルームや合宿所など、選手にとってこの上ない練習環境が整った。

14年は第90回記念大会だったため、シード校10校に加え、予選会を勝ち抜いた13校の計23校が出場できた。前年（12年）の予選会で14位だった創価大学にとって、13位は十分手が届く実力だ。

ところが、「5カ年計画」の掉尾《とうび》を飾る13年の予選会で、創大陸上部は19位の惨敗に終わる。箱根への夢はまたしても遠のいた。

「いままでと同じ練習をやっているようでは、箱根駅伝へはいつまでたっても出場できない。私たちはその事実を突きつけられました。５０００《メートル》、1万《メートル》のスピードを上げて、さらには持久力も強化し、高いレベルでの集団走をしなければ、予選は突破できないことがわかったのです。また大学駅伝は、レースで勝つことだけが目的ではありません。競技を通じて、一人ひとりの選手が人間的に成長しなければ意味がない。そうでなければ、大学を卒業してから選手が生きる目的を失ってしまいかねません。どうすれば駅伝

創価大学から初出場！4区（平塚～小田原）を力走する野崎天馬選手（2003年）

標高差800mの「山下り」の6区（芦ノ湖～小田原）を激走した竹下友章選手（2005年）

◎ 学連選抜選手

2003年	野崎 天馬	4区
2005年	竹下 友章	6区
2010年	尾関　誠	3区
	福島 法明	10区
2011年	樋口 正明	4区
	福島 法明	9区
2013年	山口 修平	4区
2016年	山口 修平	1区
2019年	鈴木 大海	3区

3区（戸塚～平塚）を快走し2人を追い抜いた尾関誠選手（2010年）

10区（鶴見－大手町）を快走し、ゴール間近の日本橋高島屋前を通過する福島法明選手（2010年）

アップダウンが続く4区（平塚～小田原）を全力で走り、限界突破した樋口正明選手（2011年）

で勝ち、そして、人生で勝つことができるのか。自問自答する日々でした」（織田さん）

指導陣を一新し駅伝部が新出発

13年の予選会で惨敗したのち、創大駅伝部は指導陣を一新。瀬上雄然監督と久保田満ヘッドコーチの体制で新出発を切った。

瀬上監督は、かつてスズキ自動車の実業団選手として活躍。全日本実業団対抗陸上競技選手権大会で1500メートル5位、5000メートル2位に入賞するなどの実績を積んでいた。

久保田コーチは東洋大学在学中に箱根駅伝に出場し、旭化成で実業団選手として走りながら世界陸上（07年）マラソン日本代表に選ばれた経歴をもつ。

実は、久保田コーチは高校時代に創大陸上部からスカウトを受けたことがあるという。スカウトを断って他大学に進学したものの、彼の胸の中には創大との縁がいつも引っかかっていた。

「いつか創大を箱根へ連れて行きたい」――こうした強い思いを胸に、学生とともに汗を流した。

こうして充実した指導陣のもと、新たな歴史を創り始めた。

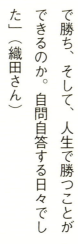

指導方針についても、抜本的な見直しを断行。監督やコーチがトップダウン型で上から指示するのではなく、学生主体で下からチームを作り上げるボトムアップ型の戦いに方針転換したのだ。

練習に対する考え方は選手それぞれ異なり、寮での生活の仕方にも個人差がある。いわゆる体育会系の強引なやり方を良しとする選手もいれば、個人主義を重んじるマイペースの選手もいる。ときに寮内で選手同士が衝突しながら、チームは「箱根」という一大目標をめざして練習を積み重ねていった。

エース・山口修平の決意

このころ、不思議にも創大駅伝部に一人の救世主が現れた。福井県出身の山口修平選手（現・旭化成陸上部）である。

彼は、幼いころより母親から「将来は創価大学に行って、箱根駅伝出場に貢献できる選手になろうね」と常に励まされて育ち、5000メートルの平均タイムは高校時代から全国レベルだった。

「彼は1年生のときから『必ずオレがチームを箱根駅伝に出すんだ』と強く決意していました」

入学後、山口選手はメキメキと頭角を現し、2013年1月2日には関東学連選抜の一員として箱根駅

第91回大会で1区を走る主将・山口選手（前列左端）は15km地点（東京・鈴が森から大森に向かう付近）で一時、第一集団から抜け出し、トップで快走した（2015年1月2日）

第91回箱根駅伝予選会を10位で通過し、初出場が決定。大歓喜の中、選手たちに胴上げされる瀬上雄然監督(当時)(2014年10月18日　立川・昭和記念公園)

伝に出場。3年生で主将になると、2014年の10月に行われた箱根駅伝予選会でチームは10位に滑りこみ、ついに創大駅伝部は箱根駅伝への出場権を獲得したのである。

創部から苦節42年、山口修平というエースの登場と選手たちの必死な努力によって、とうとう悲願がかなったのだ。

悲願の初出場 全国からの絶大な声援

瀬上雄然総監督は当時の心境を次のように振り返る。

「選手にとっては爆発的な喜びでした。寮には多くの激励の手紙や品々が届き、キャンパスを歩けば、周囲から〝よかったね〟ではなく、〝ありがとう〟という言葉をかけられたことが強く印象に残っています。創価大学は多くの人の支えで成り立っていますから、その思いに応えられたことは本当によかったと思います。しかし、個人的には喜び以上にプレッシャーが大きかったですね」

創大駅伝部にケニア人留学生のムソニ・ムイル選手が入ってきたのは、箱根駅伝初出場の翌年だ(2016年春)。もし、創大がもっと早く留学生を受け入れていれば、初出場がさらに早まっていた可能性はある。他校に強い外国人留学生がひしめく中、日本人選手だけで箱根駅伝初出場を勝ち取った意味は大きかった。

「これまで他大学の監督から『創大はまだ駅伝をやっているのか』とさんざん皮肉を言われてきました。『私が生きている間に、創大は箱根駅伝に出られないんじゃないか』と弱気になるときもありました。だれからも注目されない無名の駅伝部だった時代から、私たちはただ一点、『創立者をはじめ、全力で応援してくださる方々の激励に応えるために勝ちたい。箱根に出たい』という思いで戦ってきました」

←第91回大会の詳細は次ページで

プレイバックPart.I

箱根駅伝 2015

～第91回大会～

箱根駅伝予選会に初出場（1982年10月）してより苦節33年。2015年1月2・3日、ついに創価大学が箱根駅伝本大会に悲願の初出場を果たした。

東京・大手町をスタートした1区（21・3キロメートル）の山口修平選手（3年）は「創大はチーム一丸となって走り抜こう」と集団走の大切さを常々訴えてきた。創大を箱根駅伝初出場に牽引《けんいん》した主将として、トップから46秒差でタスキをつなぐ。2区（23・1キロメートル）の後沢広大選手（3年）は、「花の2区」一番の難所・権太坂《ごんたざか》でふくらはぎが痙攣《けいれん》するアクシデントに見舞われるも力走。

3区（21・4キロメートル）の蟹澤淳平選手（1年）は異様な雰囲気に包まれる箱根駅伝に堅くなるも、監督車に乗る瀬上雄然監督からの「力を抜いて楽しめ」というアドバイスに背中を押される。4区（18・5キロメートル）の大山憲明選手（1年）は國學院大学とデッドヒートを繰り広げる中、瀬上監督から「その選手を仲間だと思え」と当意即妙の激励を受けてがんばり抜いた。

5区（23・2キロメートル）のセルナルド祐慈選手（2年）は、厳しい山登りに苦戦。寒風に耐え声援を飛ばしてくれる観客に応えるため、必死で往路のゴール・箱根へとたどり着いた。

箱根駅伝2日目の復路6区（20・8キロメートル）は、小島一貴選手（4年）の走りからスタート。ケガのため、予選会を走れなかった悔しさを晴らした。

7区（21・3キロメートル）の江藤光輝選手（1年）は予選会に出場していないため、20キロメートル以上の本番を

◎ 選手個別戦績

1区	山口《やまぐち》 修平《しゅうへい》	区間13位	1:02:46
2区	後沢《ごさわ》 広大《こおだい》	区間20位	1:12:26
3区	蟹澤《かにさわ》 淳平《じゅんぺい》	区間19位	1:07:27
4区	大山《おおやま》 憲明《のりあき》	区間10位	56:34
5区	セルナルド 祐慈《ゆうじ》	区間20位	1:25:32
6区	小島《こじま》 一貴《かずき》	区間12位	1:00:51
7区	江藤《えとう》 光輝《みつき》	区間19位	1:06:33
8区	新村《しんむら》 健太《けんた》	区間20位	1:08:54
9区	彦坂《ひこさか》 一成《かずなり》	区間19位	1:13:07
10区	沼口《ぬまぐち》 雅彦《まさひこ》	区間19位	1:17:30

◎ 第91回大会　総合成績

総合順位	大学名	総合記録
1	青山学院大学	10時間49分27秒
2	駒澤大学	11時間00分17秒
3	東洋大学	11時間01分22秒
4	明治大学	11時間01分57秒
5	早稲田大学	11時間02分15秒
6	東海大学	11時間07分08秒
7	城西大学	11時間08分15秒
8	中央学院大学	11時間09分18秒
9	山梨学院大学	11時間10分43秒
10	大東文化大学	11時間11分15秒
11	帝京大学	11時間13分30秒
12	順天堂大学	11時間13分32秒
13	日本大学	11時間17分59秒
14	國學院大學	11時間18分12秒
15	日本体育大学	11時間18分24秒
16	拓殖大学	11時間18分24秒
17	神奈川大学	11時間18分47秒
18	上武大学	11時間18分53秒
19	中央大学	11時間20分51秒
20	**創価大学**	**11時間31分40秒**
※	関東学生連合	11時間19分12秒（参考記録）

走るレースは今回が初めて。靴に「Thanks」という文字を刻み、支えてくれる皆への感謝の走りを見せた。

8区（21・4キロメートル）の新村健太選手（3年）は、前年に逝去した父への思いをこめたレースに臨む。残り5キロメートルの苦しかった上り坂では、かつて「陸上競技をやったらどうか」と勧めてくれた父から「あきらめるな！」と叱咤激励されたように感じたという。

9区（23・1キロメートル）の彦坂一成選手（2年）は力走を見せるも、強豪・神奈川大学や日本大学と同様、残念ながら制限時間オーバーで最終走者にタスキをつなげなかった。

10区（23・0キロメートル）の沼口雅彦選手（4年）は創価大学オリジナルのタスキを手に、大手町のゴールまで完走を果たした。

「このタスキを次の箱根駅伝につなぐのだ」「10年、20年先の後輩に託すのだ」――。沼口選手は負けじ魂の完走を果たし、最後は満面の笑みで大手町のゴールを切った。

二度目の箱根駅伝
フェアプレーの精神が話題に

箱根駅伝出場後、陸上競技場の周囲にクロスカントリーコースができ、寮にジムが完備されるなど、さらに充実した環境が整った。

そんな中、２０１６年春に主将となった4年生のセルナルド祐慈選手は、ムードメーカーとしてチームを形づくっていった。

「寮内の生活でも、セルナルドは率先して自分から動いていました。先輩だからといって後輩に上から指示するわけでもない。まず自分が玄関の靴を揃え、掃除に汗を流す。その姿を後輩が見ているから、彼が言う言葉をみんな素直に聴き、セルナルドを中心にチームが一丸となってまとまったのです。練習はみんな継続的にしっかりやっています。そのうえで、本番で皆が１００%の力を発揮するためには、普段からチーム全体の心が散り散りに乱れているようではいけません。監督やコーチ、先輩から頭ごなしに言われたから動くのではなく、自分の頭で考えて自ら動く。その大切さを、セルナルドが身をもって示してくれました」（瀬上総監督）

17年正月、創大駅伝部は2年ぶり2度目の箱根駅伝出場を果たす。

ケニア出身の留学生ムソニ・ムイル選手は、1年生ながら目を見張る激走を見せた。彼が走った２区は23・1キロ《メートル》と走行距離が最も長く、権太坂をはじめとする難所を抱えるため「花の２区」と呼ばれる。各大学がエースを投入するこの２区で、ムイル選手はなんと7人もゴボウ抜きし、17位から10位まで順位を上げたのである。

また、セルナルド選手が走った4区では、この年の箱根駅伝のハイライトとして話題になった劇的な名場面が生まれた。

平塚中継所で蟹澤淳平選手から7位でタスキを受け取ったセルナルド選手は、この駅伝を陸上人生最後のレースと決め、「悔いのない走りをしよう」との思いで力走していた。

前方を走る駒澤大学のエース・中谷圭佑選手はこの日、序盤から調子が上がらず、苦しい走りを見せていた。軽快な走りで追い上げたセルナルド選手は、中盤の13キロ《メートル》を過ぎた地点で追い抜く瞬間、彼の背中をポンッと叩いて励まし、しばらく並走したのだ。

実は、この1年半前――15年夏。セルナルド選手は、長野県の野尻湖で行われた名門・駒澤大学の夏合宿に参加していた。

History

創価大学駅伝部の歴史と伝統

箱根への軌跡

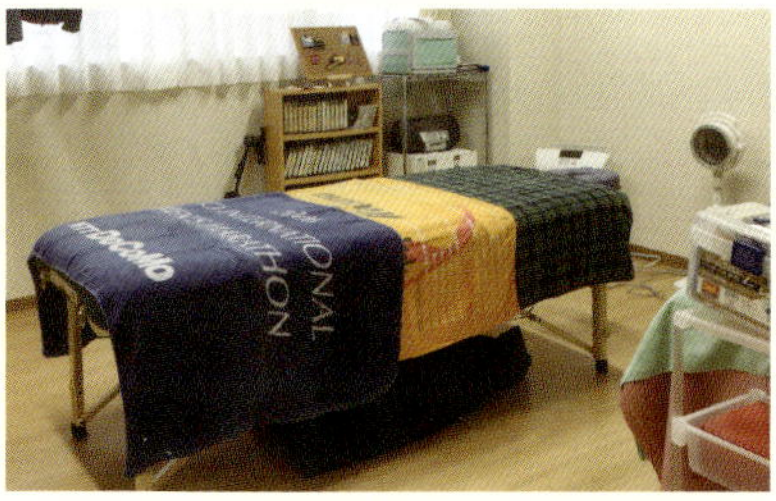

1周500mのクロスカントリーのコースを有する池田記念グラウンド（右上）を始め、寮内にあるマッサージルーム（左上）、マネージャールーム（左下）、トレーニング室（右下）など充実した環境・設備が整っている

「駒澤大学の合宿期間にセルナルドを1週間ほど預け、野尻湖まで迎えに行くと、駒大の選手たちがみんな名《な》残《ごり》惜しそうに『セルちゃん』『セルちゃん』と口々に声をかけているのです。まるで旧知の友人のようでした。いつも明るく、わからないことがあれば、てらいなく教えを請う。彼には人を惹《ひ》きつける不思議な魅力がありました」（瀬上総監督）

真夏の野尻湖で共に汗を流した中谷選手は、セルナルド選手にとって敵ではなく同志だった。強豪校のライバルが失速する中「オレにチャンスが来た」とはしゃぐどころか、「君も負けずにがんばれ」と無言のエールを送る。あまりにも清々《すがすが》しい創価のスポーツマンシップに、テレビの前の視聴者は胸打たれ涙した。

こうして往路は9位、復路は13位を記録し、創大駅伝部の総合成績は20チーム中12位を達成する。2年前（15年）の初出場から、一気に8つも順位を上げることに成功した。強豪校がひしめく箱根駅伝の世界で「ここに創価あり」と全国に名を知らしめたのだ。

第93回大会で4区を全力で駆け抜けた主将・セルナルド選手

← 第93回大会の詳細は次ページで

プレイバックPart.Ⅱ

箱根駅伝2017

～第93回大会～

悲願の初出場から2年。2017年1月2・3日、創価大学が再び箱根駅伝に帰ってきた。

1区（21・3キロメートル）の大山憲明選手（3年）は、しのぎを削る各大学とのレースに苦しみながら、トップから67秒差で2区へタスキをつなぐ。

2区（23・1キロメートル）を走ったケニア人留学生のムソニ・ムイル選手（1年）は剣難の「花の2区」で7人ものゴボウ抜きを見せて箱根駅伝をどよめかせた。

10位でタスキを受け取った3区（21・4キロメートル）の蟹澤淳平選手（3年）は、2年前のリベンジを果たす思いで力走。

4区（20・9キロメートル）の主将・セルナルド祐慈選手（4年）の、苦しいレースを戦うライバルにエールを送るかのような姿は、全国の人々に深い感動を与えた（67ページで詳述）。

5区（20・8キロメートル）の江藤光輝選手（3年）はシード圏内の9位で往路のゴールを切り、翌日のレースに希望をつなぐ。

箱根駅伝2日目の復路6区（20・8キロメートル）は、作田将希選手（2年）の走りからスタート。ところが足の皮がすりむけ、さらに足がつるハプニングに苦しむ。9位から14位に順位を落とすも「絶対に仲間にタスキを託すのだ」との執念で7区（21・3キロメートル）の古場京介選手（2年）につないだ。

古場選手も苦しんだが、後を

第93回大会で1区を力走する大山選手

◎ 選手個別戦績

1区	大山《おおやま》 憲明《のりあき》	区間17位	1:05:03
2区	ムソニ・ムイル	区間4位	1:08:05
3区	蟹澤《かにさわ》 淳平《じゅんぺい》	区間7位	1:04:28
4区	セルナルド 祐慈《ゆうじ》	区間5位	1:04:17
5区	江藤《えとう》 光輝《みつき》	区間16位	1:17:32
6区	作田《さくだ》 将希《まさき》	区間19位	1:02:08
7区	古場《こば》 京介《きょうすけ》	区間18位	1:07:23
8区	米満《よねみつ》 怜《れん》	区間3位	1:06:33
9区	三澤《みさわ》 匠《たくみ》	区間13位	1:12:41
10区	彦坂《ひこさか》 一成《かずなり》	区間8位	1:12:27

◎ 第93回大会 総合成績

総合順位	大学名	総合記録
1	青山学院大学	11時間04分10秒
2	東洋大学	11時間11分31秒
3	早稲田大学	11時間12分26秒
4	順天堂大学	11時間12分42秒
5	神奈川大学	11時間14分59秒
6	中央学院大学	11時間15分25秒
7	日本体育大学	11時間15分39秒
8	法政大学	11時間15分56秒
9	駒澤大学	11時間16分13秒
10	東海大学	11時間17分00秒
11	帝京大学	11時間20分24秒
12	**創価大学**	**11時間20分37秒**
13	大東文化大学	11時間23分45秒
14	拓殖大学	11時間24分22秒
15	上武大学	11時間24分45秒
16	國學院大学	11時間28分45秒
17	山梨学院大学	11時間29分17秒
18	明治大学	11時間29分17秒
19	日本大学	11時間30分38秒
20	国士舘大学	11時間49分18秒
※	関東学生連合	11時間31分29秒 (参考記録)

追ってきた山梨学院大学の選手と励まし合いながら走る。実はこの山梨学院大学の選手と古場選手は、熊本の同郷。16年4月、熊本は大震災で甚大な被害をこうむった。「共に熊本に元気を届けよう」との思いでひた走った。

8区(21・4キロ㍍)の米満怜選手(1年)は、1年生ながら区間3位の激走。

さらに9区(23・1キロ㍍)の三澤匠選手(3年)は、順位を3位押し上げて12位までこぎつける。

10区(23・0キロ㍍)の彦坂一成選手(4年)は、2年前の箱根駅伝で次の走者にタスキをつなげなかった無念を晴らす。前を走る帝京大学とは2分以上の時間差があったものの、力走によって13秒差までタイムを詰めた。

2年ぶりの箱根駅伝で、創価大学は見事リベンジを果たす。とうとう最後の走者までタスキをつなぎ、大手町のゴールテープを切ったのだ。

創大駅伝部の歴史は、まだまだ終わらない。タスキは後輩たちへと託された。

「新監督のもとで変わりたい！」

2度目の箱根駅伝出場を果たしてから、創大駅伝部は2年連続で予選敗退。箱根駅伝の本大会出場を逃してしまう。主力選手の故障が相次ぎ、2018年秋の予選会ではムソニ・ムイル選手もアキレス腱《けん》損傷と疲労骨折で欠場した。

チームのモチベーションも下がり、団結の輪も乱れがち。決してベストな状態とはいえなかった。

苦難と低迷の2年間を振り返り、瀬上総監督は厳しく反省する。

「監督、コーチはじめ選手が浮き足立ち、箱根を甘く考えていました。気合いで行けると、自分たちの力を過信してしまった」

19年2月、創大駅伝部はスタッフを一新。瀬上雄然総監督、榎木和貴監督、久保田満コーチ、渡部啓太コーチの体制で新たなスタートを切った。

榎木監督は全国高校駅伝大会に3年連続出場し、2年生と3年生のときには2年連続で全国3位に輝いた。駅伝の強豪校・中央大学に進学すると、箱根駅伝で4年連続区間賞というすさまじい記録を打ち立てる。3年生だった1996年の箱根駅伝では中央大学の総合優勝を経験し、社会人になってからは2000年の別府大分毎日マラソンで優勝。宮崎沖電気陸上部コーチやトヨタ紡織《ぼうしょく》陸上競技部コーチ・監督を歴任した（15～17ページで詳述）。

3度目の箱根駅伝出場をめざす創価大学に着任した当初はケガ人が多く、部員のうち3分の2がなんらかの故障を抱えていた。

「セルフケアが徹底されていないこと、ケガをした場合の復帰プランのシステムが確立されていなかったことが原因です。走れないときはそれなりのトレーニングが必要で、練習開始後1カ月経ったころには、3分の2のメンバーが走れるようになりました。一方で、選手一人ひと

大学周辺の高低差30mという起伏に富んだ地形は普通に走っているだけでも筋力トレーニングに効果がある

この日、10000mでは15人が自己ベストを更新した(2019年9月28日　法政大学グラウンド)

りが、私の発する言葉に対して、目を輝かせ熱心にメモを取っていました。練習に入ると、こちらの声かけを真剣に受け止め、わからないことがあれば率直に尋ねてきます。〝箱根に行きたい!〟との純粋な思いに応えたいと思いました」(榎木監督)

「榎木監督は、まるで長い靴ひもの糸が知恵の輪のようにグチャグチャにからまったような状態の2~4年生を前に、彼らのひもを1本1本丹念にほどき、新しく入ってきた新1年生の真新しい靴ひもと結び合わせるような作業を丁寧にされました。榎木監督を中心とした新体制のもと、創大駅伝部はまるで縦糸と横糸を紡《つむ》ぎ上げるように生まれ変わっていったのです」(瀬上総監督)

感謝の心忘れず、人格を磨け

現在のチームは、月間750キロメートルの走りこみを目標としているが、なかには1カ月に1000キロメートル以上も走りこんでスタミナを作る選手もいる。厳しい練習を厭《いと》わず、練習以外の場面では人間性と人格を磨く努力を惜しまない。

10年前から、創大駅伝部は地元の八王子市立加住《かすみ》小・中学校の通学路で、交通ボランティアを務めてきた。雨の日も風の日も、早朝7時半から交差点で旗を振りながら交通安全を呼びかけ、児童・生徒を笑顔で見送る。

「レースに出場する主力選手もケガで故障して走れない選手も、皆で毎日、ボランティアを続けています。ただレースに勝てばいいという勝利至上主義であってはいけません。思う存分走ることができるのは、地元の皆さんの応援や大学に送り出してくれている家族のおかげです。学生には、そうした人たちに感謝できないような選手であってはいけないと言い続けてきました」

　さらに、毎年の夏合宿で60人近いチームの食生活を支えてくれている菅平の皆さんへの感謝は尽きない。

「朝夕の気温が低く、快適な練習ができる菅平での合宿は最大の強化期間です。２０１６年からは三浦さんご夫妻をはじめ、地域の方々が朝晩の食事の世話まで引き受けてくださり、本当に助かっています。抜群においしい真心の食事は選手たちのパワーの源なんです」

創価大学菅平セミナーハウスの管理者、三浦潤一さん・敏江さん夫妻とマネージャーが笑顔で

◎ 創大駅伝部（陸上競技部）歴代監督

- 織田良一
- 山田光良
- 佐藤　誠
- 馬場　孝
- 瀬上雄然
- 植村和弘
- 瀬上雄然（再）
- 榎木和貴

　創価大学は「建学の精神」の一つに「人間教育の最高学府たれ」と掲げている。創大駅伝部は選手として実力をつけると同時に一人の人間として感謝の心を持つことができるかを重んじる。走ることを通じて人間として成長しているかどうかが問われている。

勇者の走りで栄光の勝利を！

　現在、創大駅伝部の選手が共同生活をしている「太陽の丘クラブハウス白馬合宿所」には「アスリートの心得」が掲示されている。

「すべてにおいて時間厳守」「競技者として栄養を考えた食事」「集団生活ということをわきまえて行動する」といった、あたり前のように見えるが難しい規則を全員が厳守している。

　２０１９年10月26日、創大駅伝部は箱根駅伝予選会を5位で勝ち抜き、ついに3年ぶりの箱根への切符を手にすることができた。

　しかし、彼らにとって箱根駅伝出場はゴールではなく、戦いの通過点なのだ。

　創立者はかつて、駅伝部に対し、次のような言葉を贈っている。

〈今日も負けるな
人生とは闘争の異名なれば
今日も自己に挑戦して
忍耐と執念の一日を送ることだ〉

　この指針を胸に、創大の走者たちは、箱根の剣難の道をひた走る。

取材・文＝中野千尋（フリーライター）

SOKA University　陸上競技部駅伝部

選手・スタッフ紹介

4年

築舘 陽介

①長野②佐久長聖③経済④コツコツが勝つコツ
⑤14:30:94／29:54:26
⑥64:48

竹下 和真

①鹿児島②鹿児島実業③法④継続は力なり
⑤14:36:71／30:09:06
⑥68:16

鈴木 ニムラ

①千葉②流山南③経営④切磋琢磨
⑤14:29:99／29:42:16
⑥65:04

上田 結也

①熊本②九州学院③文④弱気は最大の敵
⑤14:16:38／29:26:38
⑥63:48

米満 怜

①福岡②大牟田③文④Become a legend
⑤13:59:83／29:04:93
⑥63:19

吉留 一喬

①鹿児島②樟南③文④勝つことは偶然じゃない
⑤14:47:89／30:00:83
⑥64:45

ムソニ・ムイル

①ケニア②ムンゲソ③経済④Hard work pays
⑤13:32:42／27:38:05
⑥61:59

三井 貴久

①埼玉②埼玉栄③教育④勇往邁進
⑤14:25:60／31:11:45

深江 夏樹

①京都②桂③法④食べた分走る
⑤14:46:14／31:19:55
⑥69:46

3年

桜木 啓仁

①福岡②大牟田③経営④継続は力
⑤14:41:24／30:15:61
⑥70:18

大澤 智樹

①長野②佐久長聖③文④勇猛邁進
⑤14:18:66／30:17:36
⑥66:20

石津 佳晃

①静岡②浜松日体③文④油断大敵
⑤14:41:39／29:36:90
⑥64:46

飯嶌 友哉

①鹿児島②鹿児島実業③経済④完全燃焼
⑤14:33:65／30:58:32
⑥68:47

S.U.E.T.
SOKA UNIV. EKIDEN TEAM

①出身地②出身校③学部④左右の銘
⑤5000m／10000m PB
⑥ハーフマラソン PB

※記録は2019年11月10日時点

SOKA University　陸上競技部駅伝部

平田 晃司

①福岡②柳川③経営
④一意専心
⑤14:35:54／30:25:10
⑥69:15

原富 慶季

①福岡②福岡大大濠
③文④継続、挑戦
⑤14:22:46／29:55:97
⑥65:20

中村 真一朗

①千葉②流山南③文
④一石二鳥
⑤14:45:36／31:30:96
⑥73:03

鈴木 大海

①神奈川②藤沢翔陵
③経営④負けに負けない
⑤14:09:24／29:23:57
⑥63:52

鈴木 渓太

①山形②東海大山形
③経済④初志貫徹
⑤14:38:93／30:39:29
⑥65:53

右田 綺羅

①熊本②熊本工業
③経営④平常心
⑤14:39:24／30:01:39
⑥65:34

松本 直樹

①京都②桂③教育
④凡事徹底
⑤14:19:14／31:43:54
⑥67:25

福田 悠一

①鳥取②米子東③法
④今を大切に
⑤14:18:19／29:46:24
⑥65:01

2年

永井 大育

①鹿児島②樟南③文
④自分を信じれないやつなんかに努力する価値はない
⑤14:32:57／30:15:79
⑥65:13

嶋津 雄大

①東京②若葉総合③文
④気分さえ上がれば大抵のことはうまくいくもの
⑤14:03:65／29:22:99
⑥64:16

小野寺 勇樹

①埼玉②埼玉栄③経営
④点滴穿石
⑤14:27:51／30:01:54
⑥66:30

麻生 樹

①大分②大分東明
③経営④不言実行
⑤14:34:23／30:33:49

SOKA University　陸上競技部駅伝部

①出身地②出身校③学部④左右の銘
⑤5000m / 10000m PB
⑥ハーフマラソン PB

米満 楓

①福岡②福岡魁誠③文
④言いたいことは明日言え
⑤15:19:33／ー

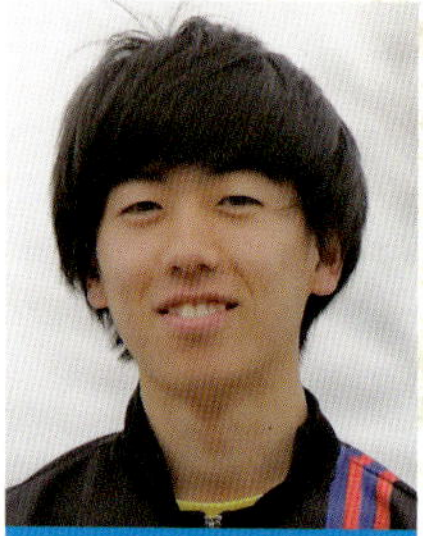

三上 雄太

①石川②遊学館③文
④不撓不屈
⑤14:27:44／30:24:73
⑥65:35

西村 拓海

①高知②高知農業③法
④初志貫徹
⑤14:41:78／31:47:06

中武 泰希

①神奈川②向上③経営
④Stay hungry. Stay foolish.
⑤14:41:08／30:36:28

1年

葛西 潤

①愛知②関西創価
③文④思うがままに
⑤14:06:33／29:45:15
⑥65:03

甲斐 治輝

①宮崎②宮崎日大
③経済④積極果敢
⑤14:35:03／30:42:84
⑥68:15

緒方 貴典

①熊本②熊本工業
③教育④応援は力に、感謝は結果に
⑤14:57:47／ー
⑥69:30

市原 利希也

①愛知②名経大高蔵
③経営④過去語る者に進歩なし
⑤14:54:74／31:28:34

フィリップ・ムルワ

①ケニア②キテタボーイズ③経済④下を見ずに上だけを見る
⑤13:37:70／28:38:32

濱野 将基

①長野②佐久長聖③法
④現状維持は退化と一緒
⑤14:06:76／30:18:60

新家 裕太郎

①大阪②大阪③経営
④七転八起
⑤14:36:33／31:18:92

中村 智哉

①京都②洛南③教育
④努力は人を裏切らない
⑤15:08:10／32:07:91

片岡 渉

①大阪②大阪③経営
④勇気は一瞬、後悔は一生
⑤14:52:31／ー

横山 魁哉

①静岡②島田③経済
④進取果敢
⑤14:34:67／30:15:67
⑥68:14

村田 海晟

①熊本②千原台③文
④謙虚
⑤14:55:79／30:54:92

松田 爽汰

①滋賀②滋賀学園③文
④人生はフルマラソン
自分のペースで一歩一歩
⑤14:55:43／32:21:02

本田 晃士郎

①大阪②関西創価
③経済④継続は力なり
⑤14:46:21／ー

マネージャー

土田 勝太郎

①福岡②大牟田③経済
/3年生④至誠天に通ず

尾口 健三郎

①東京②大牟田③経営
/4年生④不撓不屈

尾口 裕二郎

①東京②大牟田③経営
/4年生④一言芳恩

堀　宏貴

①滋賀②滋賀学園
③経済/4年生④桜梅桃李

吉田 泰樹

①東京②つばさ総合
③経済/4年生④飛翔

髙木 真弓

①千葉②創価
③教育/1年④雲外蒼天

石川 由香

①埼玉②花咲徳栄
③文/1年生④一心精進

豊福 妙香

①福岡②久留米③教育
/3年生④初志貫徹

大矢 涼音

①神奈川②向上
③文/3年生④七転八起

岩本 奈保美

①奈良②関西創価
③文/4年生

スタッフ

渡部 啓太（コーチ）

久保田 満（コーチ）

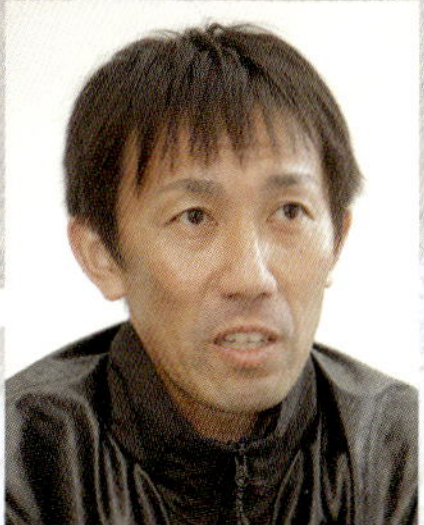

榎木 和貴（監督）

瀬上 雄然（総監督）

神立 孝一（部長）

私も応援します！

言葉にならないほどの喜び

忍田和彦さん 創価大学１期生

今年は「もう、あとがない」というほど張り詰めた気持ちで、各種大会に足繁く通い、応援してきました。これまでにないほど強いチームに成長し、喜びが爆発しています。

創部以来の大きな夢、叶う！

織田良一さん 創価大学陸上競技部名誉監督

「生きている間に3度目の出場を勝ち取れた！」とのうれしさと、創立者への感謝の思いでいっぱいです。ぜひ、ベストメンバーで、シードを取る戦いを期待しています。

記録を塗り替える走りを！

セルナルド祐慈さん 駅伝部OB（2017年卒業）

箱根駅伝出場がゴールではなく、これからが本当の勝負。これまでの本大会では20位、12位と記録を上げてきたので、次はシード権を獲得できるよう、がんばってほしい！

勢いのある創価の走りに期待

大山憲明さん 駅伝部OB（2018年卒業）

僕自身、予選通過と敗退の両方を経験したので、3年ぶりの出場はとてもうれしいです。予選会では皆が最後まで力を振り絞って力強い走りをしている姿に勢いを感じました。

楽しく走れば、結果もついてくる

古場京介さん 駅伝部OB（2019年卒業）

予選会では後輩の走りっぷりを見て、鳥肌が立つほど感動しました。3年ぶりの本大会、とにかく楽しんで、そして結果も出してほしい。正月の箱根路を楽しみにしています。

新春の快走を世界の友が見つめる

馬場善久さん
創価大学学長

グローバルに広がる世界の友が創大駅伝部の快走を見守り、応援してくれています。ベストコンディションで当日を迎え、3年前（12位）を越えることを心から念願します。

自立したチームへと短期間で急成長！

川嶋伸次さん
旭化成陸上競技部コーチ

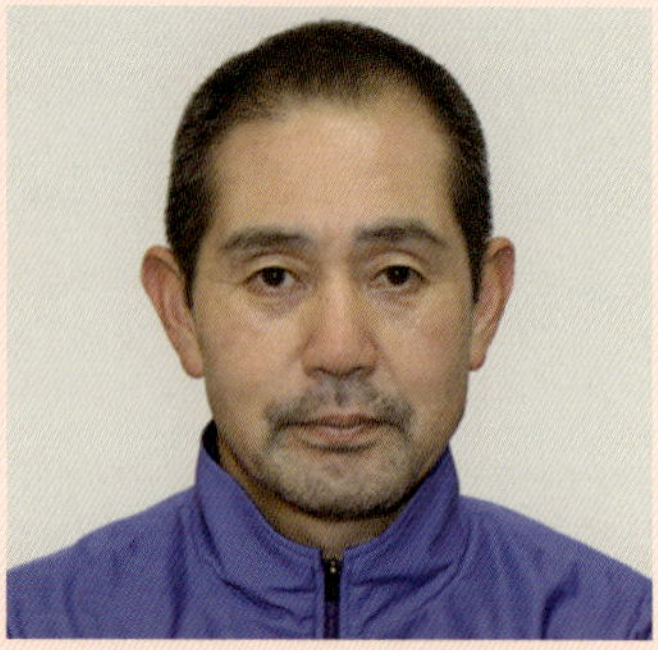

夏以降、チームの雰囲気がガラッと変わりました。一人ひとりが自分のやるべきことを自覚し、自立したチームになった印象です。榎木監督を中心に選手たちがよくまとまっています。

がんばれ、創価大学！

次の目標は シード権の獲得！

田代康則さん
創価大学理事長

新監督のもと、かつてないほどの距離を走り抜き挑んだ予選会。「後輩に箱根を経験させたい」との上級生の願いが結実しました。本大会では、精一杯走り抜き、大勝利を期待しています。

苦しさ忘れず、本領を発揮！

神立孝一さん
創価大学副学長・陸上競技部部長

新チーム発足後、選手たちの表情がどんどん明るくなり、夏以降は自信に満ちた顔つきに変わりました。苦しさを乗り越えてようやく手にした本大会出場。勝利を確信しています。

皆の心がひとつになっての勝利

小林 薫さん 白馬会（陸上競技部OB会）会長

今年は、個人の力と皆の心の歯車がうまく噛み合い、ベストの結果を出すことができました。選手や応援してくださるすべての方々の思いと団結の力のすごさを感じます。

「負けじ魂」を満天下に

阿部一也さん 関西創価高校陸上部監督

苦労してつかんだ3度目の出場。だれもが期待していると思います。出るだけで満足するのではなく、何としても10位以内をめざし、負けじ魂の真骨頂を見せてください。

毎年、箱根を走れるようなチームに

彦坂一成さん 駅伝部OB（2017年卒業）

学生時代、一緒に練習に励んだ仲間たちの努力が報われてすごくうれしい。まだまだ伸びしろがあると思うので、悔いなく練習して、箱根駅伝の常連校をめざしてほしい。

過去最高の戦いシードを狙え！

二宗広大さん 駅伝部OB（2019年卒業）

これから本大会に向け、ケガにだけは気をつけて。箱根では、いままでで一番いい結果を出してほしい。いまのメンバーなら絶対にできると思うし、僕も全力で応援します。

仲間を思う気持ちが詰まったタスキ

作田将希さん 駅伝部OB（2019年卒業）

現役で陸上生活を続けている自分には、後輩の活躍が励みになります。走っているときは一人でも、タスキには皆の気持ちが詰まっています。チーム一丸で必ず勝利を！

創価大学駅伝部
箱根への道2020

2019年12月2日　初版発行

編　者　潮編集部
発行者　南 晋三
発行所　株式会社 潮出版社
〒102-8110
東京都千代田区一番町6
一番町SQUARE
03-3230-0781（編集）
03-3230-0741（営業）
振替口座　00150-5-61090
印刷・製本　中央精版印刷株式会社

ISBN 978-4-267-02115-2
C0075

http://www.usio.co.jp/

【取材協力／写真・資料提供】
月刊陸上競技／PIXTA／株式会社 LEOC／株式会社 先駆／創価大学企画広報課／創価白馬会／創価大学駅伝部／瀬上滉夢

【写真撮影】柴田 篤／亀山城次　【イラスト】櫻井通史　【デザイン】村上ゆみ子
【取材・執筆】サカイマサト／中野千尋　【編集ディレクション】朝川桂子　【制作マネジメント】幅 武志